자료구조 응용 및 실습

김영학 • 손기봉 • 조재한 공저

홍릉과학출판사

머리말

자료구조는 컴퓨터 프로그램을 개발하는데 필요한 가장 기본적인 교과목 중의 하나이다. 저자가 대학에서 오랜 기간 동안 자료구조 교과목을 강의하면서 느낀 점은 학생들이 본 교과목을 재미있어 하면서도 가장 어려운 과목으로 생각하고 있다는 것이다. 학생들이 자료구조 교과목을 어렵게 생각하는 첫 번째 요인은 먼저 프로그램 언어에 익숙해져 있어야 하며, 두 번째 요인은 너무 많은 내용을 이론 중심의 강의로 진행하다 보니 강의실에서 이해했던 내용이 실제 프로그램 구현과 적절하게 연결되지 않는다는 점을 들 수 있다. 이러한 점을 고민하여 이 책은 자료구조를 배우는 초보자들이 보다 쉽고 재미있게 접근할 수 있도록 실습 위주로 구성하였다.

이 책은 기본적인 자료구조를 16개의 주차로 분류하여 각 주제별로 문제를 제시하고, 전자회로 실험과 같이 단계별 실습 과정을 거쳐 문제를 해결하도록 차별화 하였다. 매 주차의 실습 주제에 대해 실습목표, 기초지식, 실습 문제 및 내용, 실습응용, 실습보고서 작성 등으로 구분하였다. 매 주제에 대해 먼저 실습목표와 기초지식을 공부하도록 하고 해당 주제에 대한 기초 및 응용문제를 제시하여 단계별 실습 과정을 통하여 보다 쉽게 문제를 이해하고 해결하도록 하였다. 마지막으로 매 주차의 실습 내용에 대한 결과를 실습보고서에 구체적으로 작성하도록 하여 총괄 이해도를 점검토록 하였다.

이 책은 자료구조 교과목의 강의자의 특성에 따라 주 또는 부교재로 활동될 수 있으리라 생각된다. 아무쪼록 이 책이 자료구조의 기초를 배우는 초보자들에 많은 도움이 되기를 기대한다.

차례

제 1주차	자료 구조 및 알고리즘 기초	3
제 2주차	배열 및 구조체 기초	9
제 3주차	배열 및 구조체의 응용	17
제 4주차	연결리스트 기초	27
제 5주차	연결리스트 응용	39
제 6주차	스택 기초	49
제 7주차	스택 응용	61
제 8주차	큐 기초	69
제 9주차	큐 응용	79
제 10주차	트리 기초	85
제 11주차	트리 응용	97
제 12주차	정렬	105
제 13주차	그래프 기초 연습	115
제 14주차	그래프 응용 실습	123
제 15주차	해싱 기초 연습	131
제 16주차	해싱 응용 연습	137

제 1주차

자료 구조 및 알고리즘 기초

실습 목표

- 주어진 문제를 해결하기 위한 기초적인 자료 구조를 이해한다.
- 가상 코드(Pseudo Code)를 사용하여 알고리즘을 기술하는 방법을 연습한다.
- 가상 코드로 기술된 알고리즘을 C언어로 변환하고 실습을 통하여 프로그램 작성의 기초 원리를 이해한다.

기초 지식

알고리즘을 기술하는 방법은 가상 코드, 자연언어, 플로차트 등을 사용한 방법이 있다. 본 교재에서는 컴퓨터공학을 전공하는 학생들에게 친숙한 가상 코드 방법을 사용하여 알고리즘을 기술하는 방법을 연습한다. 가상 코드의 기술 방법이 사용자에 따라 다르게 정의될 수 있지만, 다음과 같은 가상 코드의 규칙에 따라 알고리즘을 기술하도록 한다.

❶ 함수의 선언

Algorithm name(인수1, 인수2, ...)
여기서 name은 함수의 이름을 의미하고 괄호 안의 인수는 함수 호출에 필요한 매개변수들을 의미한다.

❷ 수식의 표현

- 수식의 산술 연산자들은 일반적인 수학 기호들을 그대로 사용한다.
- 배정문을 위해 “<-” 기호를 사용한다.
- 동일 관계의 비교를 위해 “=” 기호를 사용한다.

❸ 구조적 표현

- 조건의 비교를 위해 다음과 같은 if 문장 구조를 사용한다.

```
if ... then .... [else ...]
```

- 반복되는 블록을 실행하기 위해 다음 문장 중의 하나를 사용한다.

```
while .... do
repeat .... until
loop .... do
for .... do
```

❹ 배열 표현

1차원 : name[i], 2차원 : name[i,j], 3차원 : name[i,j,k]

❺ 함수 호출

함수명(인수1, 인수2, ...)

실습 문제 및 내용

◖ 실습 문제 ◗

n개의 정수 값들이 주어질 경우 이들 값들 중에서 가장 큰 값을 찾기 위한 프로그램을 작성한다. 이 문제를 해결하기 위한 자료 구조를 설계하고 알고리즘을 가상 코드로 기술한다.

◖ 실습 내용 ◗

다음과 같은 절차를 따라 자료 구조 설계, 알고리즘 기술, 프로그램 구현, 프로그램 실습 등의 과정을 연습한다.

❶ 이 문제를 해결하기 위한 자료 구조를 설계한다.

n개의 정수 값들을 저장하기 위한 자료 구조로 1차원 배열을 사용한다. 주어진 정수 값들을 <그림 1-1>과 같이 배열 A[0], A[1], A[2], ..., A[n-1]에 저장한다.

A[0]	A[1]	A[2]	A[3]	A[...]	A[n-1]
20	50	40	70	...	60

▌그림 1-1▐ 정수 값을 저장하기 위한 배열구조

❷ 이 문제를 해결하기 위해 ❶에서 정의된 자료 구조를 사용하여 다음과 같이 알고리즘을 가상 코드로 기술한다. 다음의 가상 코드 알고리즘에서 밑줄로 표시된 부분을 채우도록 한다.

```
Algorithm Find_Max(A, n)
Input : n개의 정수 값이 저장된 1차원 배열 A
Output : 배열 A에서 가장 큰 값
______________________________
for i <- 1 to n-1 do
    if ______________ then
          ________________________
return tmp
```

❸ ❷에서 가상 코드로 기술한 알고리즘을 C언어로 구현한다. 다음의 예는 C언어로 구현한 함수의 프로토 타입을 보여준다. 이 함수를 참조하여 메인 바디에 들어갈

부분을 완성한다.

```
int Find_Max(int a[], int n)
{
  ....................................
}
```

❹ Find_Max() 함수를 실행하기 위한 메인 프로그램을 작성한다. 시험을 위해 사용할 n개의 정수 값을 난수로 생성한다. 난수를 생성하기 위해서 라이브러리로 제공된 rand() 함수를 사용한다. 특별히 정수 값의 범위를 주어 난수를 생성하고자 할 경우 <표 1-1>과 같은 문장을 사용할 수 있다.

※ rand(), srand() 함수를 사용할 경우 <stdlib.h> 헤더 파일을 포함해 주어야 한다.

표 1-1 rand() 함수를 이용한 특정 범위 난수 생성

```
rand() % ((마지막 값 - 시작 값) + 1) + 시작 값
```

❺ ❹에서 작성한 메인 프로그램에서 가장 큰 값이 몇 번의 비교 후에 찾아지는지를 확인하도록 프로그램을 수정한다. 10회 이상을 실행하여 <표 1-3>을 완성한다. 프로그램 실행 시 매번 같은 값의 난수 생성을 방지하기 위해 <표 1-2>와 같은 함수(시드 값을 설정)를 사용한다.

※ time() 함수를 사용할 경우 <time.h> 헤더 파일을 포함해 주어야 한다.

표 1-2 srand()의 시드 값을 time()으로 난수 생성

```
void srand((unsigned)time(NULL));
```

❻ 10회 이상 실행한 결과표를 참조하여 이 알고리즘에 대한 수행 시간을 논의해 본다.

표 1-3 Find_Max() 함수의 실습 결과

실행 차수	비교 횟수
1	
2	
3	
4	
5	
6	
7	
8	
9	
10	

실습 응용

《 응용 문제 》

n개의 양의 정수 값들이 주어질 경우 이들 값들 중에서 짝수 값들의 합과 홀수 값들의 합을 계산한다.

《 실습 내용 》

전 단계인 **실습 문제 및 내용**에서 연습한 것과 같은 절차를 따라 다음과 같이 실습한다.

❶ 이 문제를 해결하기 위한 자료 구조를 설계한다.

❷ 이 문제를 해결하기 위해 앞에서 정의된 자료 구조와 가상 코드를 사용하여 알고리즘을 기술한다.

❸ 앞에서 가상 코드로 기술한 알고리즘을 C언어로 구현한다. C함수에서 한 개의 값이 반환되기 때문에 짝수의 합과 홀수의 합 두 개를 반환하기 위해 call-by-reference 방식의 매개변수를 사용한다.

❹ ❸의 함수를 실행하기 위한 메인 프로그램을 작성한다. 테스트를 위해 사용할 n개의 양의 정수 값은 난수 값으로 생성한다. 난수 값을 생성하는 방법은 전 단계의 실습 문제를 참조한다.

❺ ❹에서 작성한 메인 프로그램에서 짝수 값과 홀수 값의 개수를 확인하도록 수정하여 프로그램을 10회 이상 실행한다.

실습 보고서 작성

다음 양식에 따라 전 단계에서 연습한 **실습 응용** 문제에 대한 실습 결과 보고서를 작성한다.

[제 1주차] 실습 결과 보고서			
학번		이름	
자료 구조 설계	실습 응용문제 해결을 위한 자료 구조를 그림을 사용하여 구체적으로 기술한다.		
알고리즘 기술	가상 코드를 사용하여 알고리즘을 기술한다.		
프로그램 구현	기술된 알고리즘을 C언어를 사용하여 구현한다.		
실습 결과 논의	실습 결과를 중심으로 느낀점을 기술한다.		

제 2주차

배열 및 구조체 기초

실습 목표

- 동일한 유형을 갖는 집단 자료를 처리하기 위한 배열 구조를 이해한다.
- 상이한 유형을 갖는 집단 자료를 처리하기 위한 구조체의 구조를 이해한다.
- 배열과 구조체를 이용한 기초적인 문제 해결 방법과 연습을 통하여 프로그래밍 작성 능력을 배양한다.

기초 지식

배열은 동일한 유형을 갖는 집단 자료를 처리하기 위한 자료 구조이며, 구조체는 상이한 유형을 갖는 집단 자료를 처리하기 위한 효과적인 자료 구조이다. 본 장에서는 배열과 구조체에 대한 기초적인 개념을 이해하고 이를 응용한 프로그램 작성 방법을 연습한다.

❶ 배열의 선언과 접근

배열의 선언은 일반 변수와 유사하게 표현할 수 있으나 동일한 유형을 갖는 집단 자료를 표현하기 때문에 <표 2-1>과 같이 배열 이름 뒤에 대괄호([ ])를 사용한다.

표 2-1 배열의 정의

```
자료유형 배열이름[배열 요소의 개수]
```

여기서 자료유형은 정수, 실수, 문자 등과 같은 자료의 형식을 의미하고 배열이름은 배열에 사용된 변수를 의미한다. 배열은 정적인 공간이기 때문에 사전에 배열 요소의 개수인 크기를 정의해 주어야 한다. 배열은 1차원, 2차원, 3차원 형태로 표현될 수 있으며 <표 2-2>는 C언어로 표현한 배열의 예를 보여준다.

표 2-2 배열의 선언 예

```
1차원 : int exam[10];
2차원 : int exam[10][10];
3차원 : int exam[5][10][10];
```

배열의 접근은 정의된 크기 내에서 인덱스를 사용하면 된다. 예들 들어 <표 2-2>에서 정의한 배열에서 1차원은 exam[i], 2차원은 exam[i][j], 3차원은 exam[i][j][k] 방식으로 해당 위치의 자료를 접근할 수 있다.

❷ 구조체 선언과 접근

구조체는 상이한 유형을 갖는 집단 자료를 효과적으로 정의하는 자료 구조이다. 구조체를 사용하기 위해 struct 문장을 사용하며 <표 2-3>과 같은 형식으로 정의한다.

표 2-3 배열의 선언 예

```
struct 구조체형이름
{
  자료형 항목1;
  자료형 항목2;
  ...
};
```

예로서 학번(정수형), 이름(문자형), 전화번호(문자형)로 구성되는 학생의 정보를 구조체로 표현하면 <표 2-4>와 같다.

표 2-4 학번, 이름, 전화번호로 구성된 구조체

```
struct student
 {
   int no;
   char name[10];
   char tel[14];
 };
```

구조체 변수를 접근하는 방법은 두 가지 방법이 있다. 하나는 '.'을 사용하여 구조체 항목에 접근하는 방법이고, 다른 하나는 포인터로 지정하여 '->'를 이용해 구조체 항목에 접근하는 방법이다. 두 방법에 대한 예는 <표 2-5>와 같다.

표 2-5 구조체 항목에 접근하는 방법

'.'을 사용한 항목의 접근 예	'->'를 사용한 항목의 접근 예
struct student std; std.no = 10; strcpy(std.name, "홍길동");	struct student *std; std->no = 10; stdcpy(std->name, "홍길동");

실습 문제 및 내용

◖ 실습 문제 ◗

배열 및 구조체를 사용하여 간단한 도서관리 프로그램을 작성한다. 도서관리에 필요한 정보는 학번, 도서명, 대여일, 반납일이 있다고 가정한다. 등록된 도서 정보는 학번 또는 대여일, 반납일로 조회할 수 있다.

◖ 실습 내용 ◗

실습 문제를 해결하기 위해 다음과 같은 절차를 따라 자료 구조 및 알고리즘을 기술하고 C언어로 프로그램을 구현하여 실습을 진행한다.

❶ 이 문제를 해결하기 위한 자료 구조를 설계한다.

도서관리 정보를 표현하기 위해 학번, 도서명, 대여일, 반납일 등의 정보를 구조체를 사용하여 정의한다. n개의 도서 자료를 관리하기 위해 정의된 구조체를 1차원 배열로 선언한다. n개의 도서 자료를 관리하기 위한 구조체의 형태의 예는 다음과 같다.

```
struct info_book
{
  int num; // 학번
  char name[20]; // 도서명
  int rent_day;  // 대여일
  int return_day; // 반납일
};
struct info_book book[100];
```

	정수형	문자열	정수형	정수형
A[0]	학번	도서명	대여일(YYMMDD)	반납일(YYMMDD)
A[1]	학번	도서명	대여일(YYMMDD)	반납일(YYMMDD)
A[2]	학번	도서명	대여일(YYMMDD)	반납일(YYMMDD)
....	학번	도서명	대여일(YYMMDD)	반납일(YYMMDD)
A[n-1]	학번	도서명	대여일(YYMMDD)	반납일(YYMMDD)

▌그림 2.1▐ 도서 자료와 구조체의 예

❷ 이 문제를 해결하기 위해 ❶에서 정의된 자료 구조를 사용하여 다음과 같이 알고리즘을 가상 코드로 기술한다.

알고리즘 Insert_book()은 구조체 배열에 n개의 도서 자료를 입력한다. 알고리즘 Search()는 구조체 배열에 저장된 도서 자료를 학번, 대여일, 반납일 등에 따라 선택적으로 검색하는 루틴이다.

```
Algorithm Insert_book(A, n)
Input : 도서 정보를 포함하는 구조체 배열 A, 도서의 수 n
Output : n개의 도서 정보 자료
for count <- 1 to n do
  input 학번, 도서명, 대여일, 반납일
  A[count].num <- 학번
  A[count].name <- 도서명
  A[count].rent_day <- 대여일
  A[count].return_day <- 반납일

-----------------------------------------------------------------------

Algorithm Search(A, n, select, value)
Input : 도서 정보의 구조체 배열 A, 도서의 수 n, 검색 방법 select,
        검색 값 value
Output : 검색 값에 해당하는 도서 자료
Switch(select)
  case 학번
    for i <- 1 to n do
      if A[i].num = value then
         Display(A[i])
  case 대여일
    For i <- 0 to n do
      if A[i].rent_day = value then
         Display(A[i])
  case 반납일
    For i <- 1 to n do
      if A[i].return_day = value then
         Display(A[i])
End Switch
```

❸ ❷의 가상 코드로 기술한 알고리즘을 C언어로 구현한다. 다음의 예는 C언어로 구현한 함수의 예를 보여준다. 이 함수를 참조하여 메인 바디에 들어갈 부분을 완성한다.

```
void Insert_book(struct info_book book[], int n)
{
      int count;
      for(count = 0; count < n; count++)
      {
          printf("학번: ");
          scanf("%d", &book[count].num);

          printf("도서명: ");
          scanf("%s", book[count].name);

          printf("대여일: ");
          scanf("%d", &book[count].rent_day);

          printf("반납일: ");
          scanf("%d", &book[count].return_day);
       }
}

void Search(struct info_book book[], int n, int select, int value)
{
  ....................
}
```

❹ Insert_book 함수와 Search 함수를 실행하기 위한 메인 함수를 작성한다.

```
#include <stdio.h>
#define No_of_book 9   // 원하는 도서의 수에 따라 크기 조정

void main()
{
  struct info_book book[No_of_book];
  ....................
}
```

❺ 프로그램의 테스트를 위해 다음에 예시한 자료를 입력하여 구조체 배열에 저장하고 학번, 대여일, 반납일을 선택하여 찾고자 하는 값을 검색 후 해당 도서 정보를 화면에 출력한다.

학번	책 제목	대여일	반납일
20170105	프로그래밍언어	170610	170617
20170206	JAVA	170711	170718
20170307	프로그래밍언어	170711	170718
20170105	JAVA	170520	170527
20170408	자료 구조	170610	170617
20170509	자료 구조	170610	170617
20170206	프로그래밍언어	170520	170527
20170105	자료 구조	170610	170617
20170408	JAVA	170520	170527

❻ 도서 정보의 구조체 변수에 포함된 항목을 접근하기 위해 포인터 변수를 사용하여 위 프로그램을 수정한 후에 동일한 방법으로 실습을 반복한다.

실습 보고서 작성

다음 양식에 따라 전 단계에서 연습한 **실습 문제** 문제에 대한 실습 결과 보고서를 작성한다.

[제 2주차] 실습 결과 보고서			
학번		이름	
자료 구조 설계	실습 응용 문제 해결을 위한 자료 구조를 그림을 사용하여 구체적으로 기술한다.		
알고리즘 기술	실습 문제에 예시된 가상 코드의 알고리즘을 참조하여 각 문장에 대한 구체적인 설명을 추가한다.		
프로그램 구현	기술된 알고리즘을 C언어를 사용하여 구현한다. (구조체 항목을 접근하기 위해 두 가지 방법으로 프로그램을 작성한다.)		
실습 결과 논의	실습 결과를 중심으로 느낀점을 기술한다.		

제 3주차

배열 및 구조체의 응용

실습 목표

- 정적인 특성을 갖는 배열과 구조체를 동적으로 확장할 수 있는 방법을 학습한다.
- 배열 및 구조체의 응용 문제를 통하여 메모리를 동적으로 확대 및 축소하여 관리하는 프로그래밍 기술을 연습한다.
- 배열 및 구조체를 활용하여 일상생활의 응용 문제를 효과적으로 해결할 수 있는 능력을 배양한다.

기초 지식

제 2주차에서 실습한 배열 및 구조체는 정적인 메모리 공간을 할당하기 때문에 문제의 크기가 변화될 경우 유연하게 대응할 수가 없다. 즉, 이미 정해진 메모리 공간을 초과할 경우 추가 공간을 확보할 수가 없으며 더 적은 공간을 사용할 경우 메모리 공간을 낭비하게 된다. 이러한 문제를 극복하고 메모리 공간을 효율적으로 사용하기 위해 필요할 때마다 메모리 공간을 동적으로 할당하는 방법을 사용한다. 제 3주차에는 배열 및 구조체를 기반으로 하는 프로그램에서 필요에 따라 메모리를 동적으로 할당하여 문제를 효과적으로 해결하는 방법에 관하여 연습한다. 메모리를 동적으로 할당하기 위한 기초적인 지식은 다음과 같다.

❶ 동적 메모리 할당 함수의 사용

C언어에서 메모리를 동적으로 할당하기 위해 malloc와 calloc 함수를 제공한다. 이들 함수는 프로그램 실행 중에 필요에 따라 메모리를 동적으로 할당하며 사용방법은 다음과 같다.

● malloc 함수

malloc 함수를 사용하기 위해서는 stdlib.h 헤더 파일을 포함해야 하며 해당 함수는 메모리 크기를 바이트 단위로 할당해 준다. 함수의 기본 구조는 다음과 같다.

표 3-1 malloc 함수의 정의

```
void* malloc(size_t 크기);
```

malloc 함수를 호출할 경우 바이트 단위의 메모리만을 할당해 주기 때문에 사용자가 원하는 자료 유형으로 변환하여 주어야 한다. 다음은 정수형 자료를 malloc 함수를 사용하여 할당하는 예와 이 문장의 실행 순서를 보여준다. <표 3-2>의 문장은 int array[5]와 같은 정적인 공간 개념을 갖는다.

표 3-2 20바이트 메모리 할당

```
int *array = (int*)malloc(sizeof(int)*5);
```

실행 순서:

- malloc(sizeof(int) * 5) : sizeof(int)는 4바이트로 malloc(20)에 의해 총 20바이트의 메모리 공간을 할당한다. 초기 값은 원래 있던 값이 그대로 저장된다.
- malloc 함수의 void* 유형을 int* 유형으로 자료형을 변환한다. 만일 할당될 공간이 없다면 NULL이 반환된다.
- 변환된 int* 유형을 정수형 포인터 변수 array에 대입한다. 즉, 할당된 20바이트 메모리 공간의 시작주소를 array 변수가 포인팅 하도록 한다.

● calloc 함수

calloc 함수는 malloc 함수의 사용법과 동일하나 메모리 공간 할당 시에 초기 값을 0으로 하고자할 때 사용한다. 함수의 사용 예는 <표 3-3>과 같다.

표 3-3 malloc 함수 정의

```
void* calloc(size_t 할당 개수, size_t 크기)
```

다음은 정수형 자료를 calloc 함수를 사용하여 할당하는 예와 이 문장의 실행 순서를 보여준다.

표 3-4 20바이트 메모리 할당

```
int *array = (int*)calloc(5, sizeof(int));
```

실행 순서:

- calloc(5, sizeof(int)) : sizeof(int)는 4바이트로 calloc(5, 4)에 의해 4바이트 공간 5개, 총 20개 바이트를 할당한다. 할당된 20바이트의 메모리 공간을 모두 0으로 초기화 한다.
- calloc 함수의 void* 유형을 int* 유형으로 자료형을 변환한다.
- 변환된 int* 유형을 정수형 포인터 변수 array에 대입한다.

● **realloc 함수**

realloc 함수는 malloc 함수와 calloc 함수로 할당된 메모리의 크기를 변경할 경우 사용한다. 함수의 사용 예는 다음과 같다.

표 3-5 realloc 함수 정의

```
void* realloc(void* 메모리 블록, size_t 크기)
```

다음은 정수형 자료를 realloc 함수를 사용하여 할당하는 예와 이 문장의 실행 순서를 보여준다.

표 3-6 array의 메모리 크기 변경

```
int *array = (int*)realloc(array, sizeof(int)*10);
```

실행 순서:

- sizeof(int) * 10 : sizeof(int)는 4바이트이며 총 40바이트가 된다.
- realloc(array, 40) : 기존의 array 포인터에 할당된 공간 20바이트를 40바이트로 확대하여 메모리를 할당한다.

● free 함수

free 함수는 malloc, calloc 등에 의해 할당된 메모리 공간을 반환하고자 할 경우 사용한다. 할당된 메모리 공간이 더 이상 필요하지 않을 경우는 해당 메모리 공간을 반환해 주어야 한다.

표 3-7 free 함수의 정의

```
void free(void* otr)
```

다음은 free 함수를 사용하는 방법이다.

표 3-8 동적 메모리의 해제

```
free(array);
```

❷ 동적 메모리 할당의 구조체 응용

앞에서 살펴본 동적 메모리 할당 함수를 이용하여 구조체에 응용하는 방법을 알아본다. <표 3-9>와 같이 학번, 이름, 중간성적, 기말성적으로 구성된 구조체가 정의되어 있다고 가정해 본다.

표 3-9 학번, 이름, 중간, 기말로 구성된 구조체

```
typedef struct Student_rec
{
  char no[9];
  char name[10];
  int mid;
  int final;
} Student;
```

<표 3-9>의 구조체를 갖는 10명의 학생에 대한 메모리 공간을 동적으로 할당하기 위해 <표 3-10>과 같은 문장을 사용할 수 있다.

표 3-10 구조체의 동적 메모리 할당

```
Student *std = (Student *)malloc(sizeof(Student)*10);
```

<표 3-10>의 문장에서 sizeof(Student)는 27바이트로 malloc(270)에 의해 총 270바

이트의 메모리 공간이 할당된다. 이 메모리 공간은 Student 자료형으로 변형되어 포인터 변수 std가 가리키도록 한다.

❸ 두 자료의 위치 교환

데이터가 배열로 선언되어 있는 경우 필요에 따라 배열 요소의 값의 위치를 서로 교환하는 경우가 있다. 두 배열 요소의 값을 교환하기 위해서는 다음과 같은 문장을 사용할 수 있다.

표 3-11 배열의 다른 두 요소의 값 교환

```
temp = base[j-1];
base[j - 1] = base[j];
base[j] = temp;
```

실습 문제 및 내용

◖ 실습 문제 ◗

배열 및 구조체를 사용하여 학생들의 시험 성적을 입력받아 총점이 높은 순서대로 출력하는 프로그램을 작성한다. 단, 정적인 메모리 공간을 할당하지 않고 총 학생 수를 먼저 입력받아 학생 수 만큼의 메모리 공간을 동적으로 할당해야 한다. 입력 값은 학번, 이름, 중간성적, 기말성적의 네 개 항목으로 구성된다.

◖ 실습 내용 ◗

다음과 같은 절차를 따라 자료 구조 및 알고리즘을 기술하고 프로그램을 구현하여 배열 및 구조체 응용을 연습한다.

❶ 이 문제를 해결하기 위한 자료 구조를 설계한다.

시험 성적 관리를 위한 개인 정보는 학번, 이름, 중간성적, 기말성적으로 구성되며 각 항목의 자료 유형은 다음과 같다. <그림 3-1>의 구조체를 정의하고 동적으로 할당된 학생 수 만큼의 메모리 공간을 그림으로 표현한다.

문자형	문자열	정수형	정수형
학번	이름	중간성적	기말성적

▌그림 3-1▐ 학생 정보의 구조체

❷ 다음의 Sort 알고리즘은 이미 n명의 개인 성적 자료가 구조체 배열인 data에 저장되어 있는 상황에서 총점 순에 따라 정렬하는 가상 코드를 보여준다.

```
Algorithm Sort(data, n)
Input : 학생의 개인정보(학번, 이름, 중간성적, 기말성적)를 포함 하는 구조
        체 배열 data, 총 학생 수 n
Output : 총점(중간+기말)이 높은 순으로 정렬된 구조체 배열 data
for i <- n  to 1 Do
  for j <- 0 to i Do
    if data[j].성적합 < data[j+1].성적합 then
    {
```

```
    temp=data[j]
    data[j]=data[j+1]
    data[j+1]=data[j]
  }
```

❸ 앞의 가상 코드로 기술된 Sort 알고리즘을 C언어로 구현한다.

```
void Sort(Student *data, int n)
{
  ....................
}
```

❹ 전 단계에서 작성한 Sort 함수를 실행하기 위한 메인 함수를 작성한다.

```
#include <stdio.h>
#include <stdlib.h>

typedef struct Student_rec
  {
    int no;
    char name[10];
    int mid;
    int final;
  } Student;

void main()
{
  int n=0;

  Student *data;

  printf("총 학생 수를 입력하세요 : ");
  scanf("%d", &n)
  .................

}
```

❺ 프로그램의 테스트를 위해 다음의 자료를 입력하고 총점이 높은 순으로 출력되는지를 확인한다.

학번	이름	중간점수	기말점수
20170105	유재석	80	83
20170206	이효리	76	92
20170307	강호동	95	90
20170408	이수근	78	98

실습 응용

◀ 응용 문제 ▶

앞의 실습에서 연습한 프로그램을 사용하여 다음과 같이 프로그램을 변경하여 실습을 계속한다. 초기에 입력된 학생 수 만큼 동적으로 할당된 메모리 공간을 그대로 유지한 상태에서 추가 학생의 자료를 입력받아 처리한다. 이런 경우 이미 할당된 메모리 공간이 부족하기 때문에 필요한 만큼의 메모리 공간을 realloc 함수를 사용하여 추가로 확보해야 한다.

◀ 실습 내용 ▶

이 문제를 해결하기 위해서 다음과 같은 절차에 따라 실습을 진행한다.

❶ 전 단계에서 실습한 동적으로 할당된 구조체 배열의 data를 그대로 유지한 상태에서 추가로 메모리 공간을 할당하기 위해 다음과 같이 realloc 함수를 사용한다.

```
자료형 포인터이름 = (자료형*)realloc(변경할 포인터이름, 크기);
```

앞의 형식을 실제 자료 구조에 반영하여 2명이 추가될 경우 다음과 같은 문장으로 표현할 수 있다.

```
Student *data1 = (Student *)realloc(data, sizeof(Student)*2);
```

❷ 프로그램의 테스트를 위해 전 단계에서 입력한 자료에 다음 자료를 추가 입력하여 총점이 높은 순으로 출력되는 지를 확인한다.

학번	이름	중간점수	기말점수
20170509	장동건	85	83
20170610	원빈	74	90

실습 보고서 작성

다음 양식에 따라 실습 결과 보고서를 작성한다.

<table>
<tr><th colspan="4">[제 3주차] 실습 결과 보고서</th></tr>
<tr><td>학번</td><td></td><td>이름</td><td></td></tr>
<tr><td>자료 구조 설계</td><td colspan="3">실습문제를 해결하기 위한 자료 구조를 구조체로 정의하고, 인원수에 따라 메모리 공간이 동적으로 할당되는 메모리 맵을 표현한다.</td></tr>
<tr><td>프로그램 구현</td><td colspan="3">가상 코드로 기술된 알고리즘의 함수를 구현하고 이를 시험할 수 있는 메인 프로그램을 작성한다.</td></tr>
<tr><td>프로그램 테스트</td><td colspan="3">프로그램 테스트 결과를 기술한다. 추가 인원을 입력할 경우 이전 자료를 그대로 유지하면서 메모리 공간을 동적으로 추가하여 실습한 결과를 기술한다.</td></tr>
<tr><td>실습 결과 논의</td><td colspan="3">실습 결과를 중심으로 느낀점을 기술한다.</td></tr>
</table>

제 4주차

연결리스트 기초

실습 목표

- 리스트를 표현하기 위해 메모리 동적할당을 응용하여 연결리스트를 구현하는 방법에 대해 학습한다.
- 연결리스트에서 노드의 생성, 삽입, 삭제, 검색 등을 동적으로 구현하는 방법을 연습한다.
- 본 학습을 통해 C언어의 메모리와 관련된 동적 할당과 포인터 변수의 특성을 이해하고 연결리스트를 활용한 기초 응용 능력을 배양한다.

기초 지식

❶ 연결리스트를 활용한 자료의 관리

주어진 자료를 처리하기 위해서 선형 또는 비선형리스트를 활용하여 자료를 생성하고 관리한다. 연결리스트는 비선형 형식의 자료 구조로 동적 메모리를 사용하기 때문에 자료의 삽입과 삭제가 용이하다. 연결리스트는 동적 메모리로 할당된 노드를 사용하여 자료를 저장하며, 여러 개의 노드들을 리스트 형태로 연결하는 방식으로 자료를 관리한다.

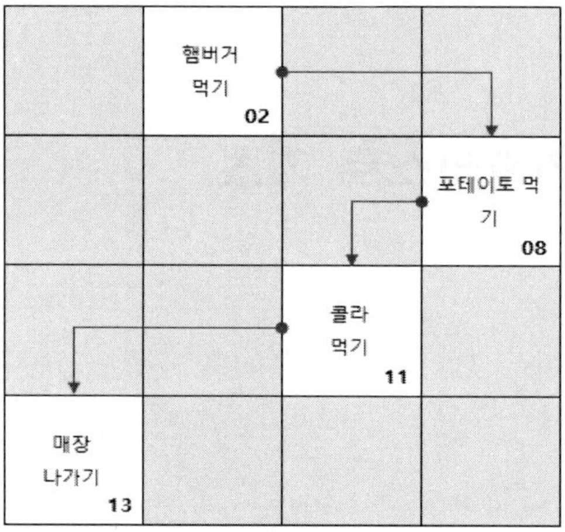

▌그림 4-1▌ 연결리스트를 응용한 예시

<그림 4-1>은 연결리스트를 활용하기 위한 응용 예시를 보여준다. 먼저 16개의 메모리 공간이 배치되어 있고 인덱스 02, 08, 11, 13을 갖는 메모리 공간에 응용 예시로 만들어진 자료들이 저장되어 있다. 그림에서 화살표가 다음 메모리 공간을 가리키고 있는 형태이며, 이와 같이 연결된 메모리 공간을 연결리스트라 한다. 각 메모리 공간은 노드라고 부른다. 그림에서 연결된 노드들을 화살표 방향으로 따라가며 나열하면 첫 번째는 햄버거 먹기, 두 번째는 포테이토 먹기, 세 번째는 콜라 먹기 등으로 분류할 수 있다. 연결리스트 전체를 나열하면 햄버거 먹기 → 포테이토 먹기 → 콜라 먹기 → 매장 나가기 등으로 정리할 수 있다. 결과적으로 예로 사용한 연결리스트는 패스트 푸드점에서 손님이 취하게 되는 행동의 과정을 보여준다.

❷ 연결리스트의 주요 연산

연결리스트는 여러 개의 노드들이 일렬로 연결되어 있는 형태이며, 하나의 노드는 데이터와 링크 포인터를 가지고 있다. 연결리스트에서 노드는 구조체 형태로 정의되며, 다음 노드를 가리키기 위한 포인터 역시 구조체로 정의된다. <그림 4-2>는 단 방향 연결리스트의 예를 보여준다. 각 노드는 데이터와 링크 필드로 구성되며 링크 필드는 다음 노드를 가리키는 포인터 값이 저장된다.

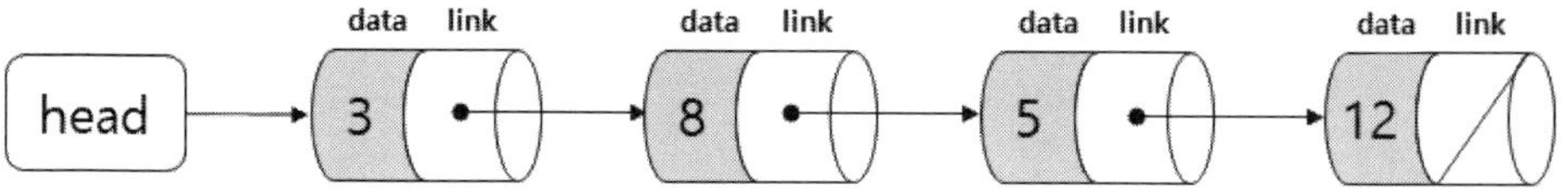

▌그림 4-2▌ 단 방향 연결리스트의 예

연결리스트를 다루기 위한 가장 기초적인 연산은 삽입, 삭제, 검색 등의 연산이다. 다음은 주어진 연결리스트에서 이들 연산을 수행하는 과정을 보여준다.

● **삽입 과정**

step 1. 최초에 <그림 4-3>과 같이 데이터가 저장되는 공간과 다음 노드와 연결이 되는 포인터 주소가 저장될 공간을 갖는 head 노드가 생성된다.

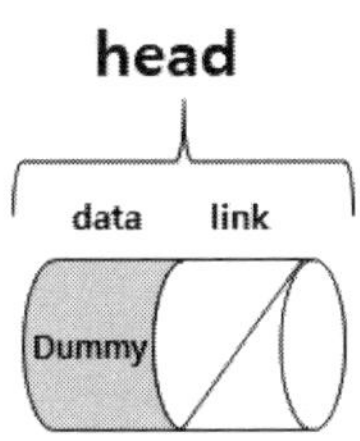

▌그림 4-3▌ head 노드 생성 및 초기화

step 2. <그림 4-4>는 두 개의 노드를 갖는 연결리스트의 예를 보여주며, head의 link가 첫 번째 노드를 가리키고 있다. 이제 이러한 연결리스트에 새로운 노드를 추가하기 위해 그림에서 보는 바와 같이 새로운 노드를 생성한다. 새로 생성된 노드는 데이터만 저장되어 있고 현재 어떤 노드와도 연결되어 있지 않다.

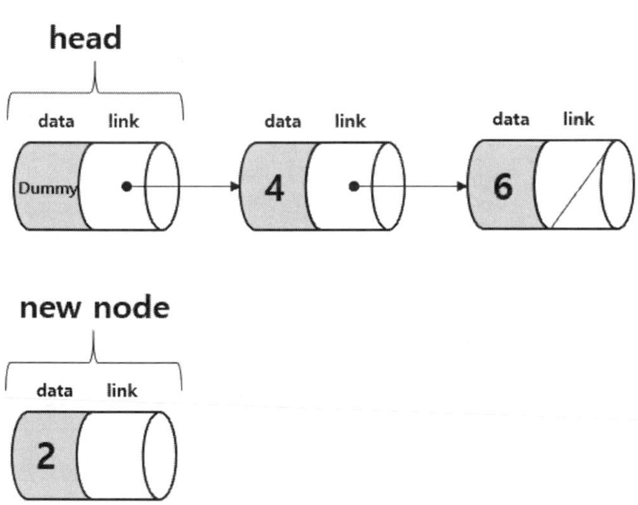

▌그림 4-4▌ 새로운 데이터 삽입을 위한 노드의 생성 예

step 3. <그림 4-5>는 새로 생성된 노드(new node)를 연결리스트의 맨 앞쪽에 삽입하는 과정을 보여준다. 이러한 과정을 수행하기 위해 head 노드의 link 필드의 값을 new node의 링크 필드의 값으로 설정하고, head 노드의 link 필드를 new node의 포인터로 설정하면 된다.

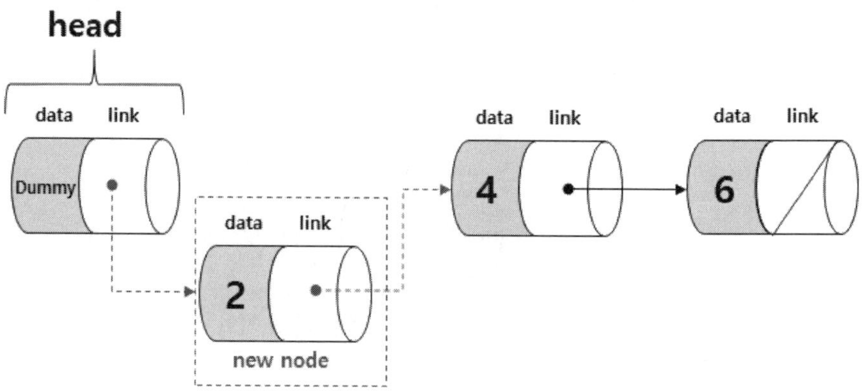

▌그림 4-5▐ 새로운 노드를 head 다음에 삽입하는 과정

● 삭제 과정

step 1. 연결리스트에서 주어진 데이터를 삭제하기 위해 먼저 해당 데이터가 저장된 노드를 찾아야 한다. <그림 4-6>은 주어진 데이터를 갖는 노드를 찾기 위한 초기 설정 예를 보여준다. 그림에서 before는 검색된 노드의 이전 노드의 포인터를 의미하며, current는 검색된 현재 노드의 포인터를 의미한다. 이 두 포인터는 찾아진 노드를 삭제하고 연결리스트를 재구성하는데 사용된다.

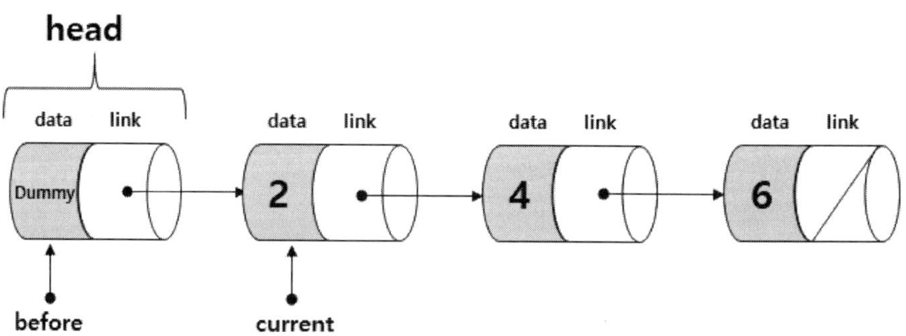

▌그림 4-6▐ 해당 노드의 검색을 위한 초기 설정

step 2. <그림 4-7>은 초기 설정 이후에 주어진 데이터를 갖는 노드를 찾기 위해 반복되는 과정을 보여준다. 반복과정에서 현재의 current 노드가 before노드가 되고 다음 노드가 current가 된다.

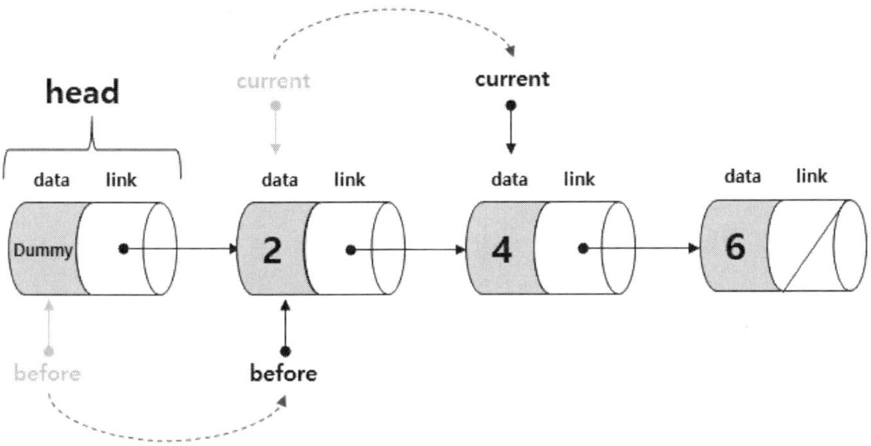

▌그림 4-7▐ 해당 노드를 찾기 위한 반복 과정

step 3. <그림 4-8>은 최종적으로 찾은 노드를 삭제하는 과정을 보여준다. 노드의 삭제를 위해 before와 current 포인터를 활용한다. 먼저 before 노드의 링크 필드를 current 노드의 링크 필드의 값으로 변경한다. 다음에 free 함수를 사용하여 current 노드를 반환하고 새로운 current를 before 노드로 지정한다.

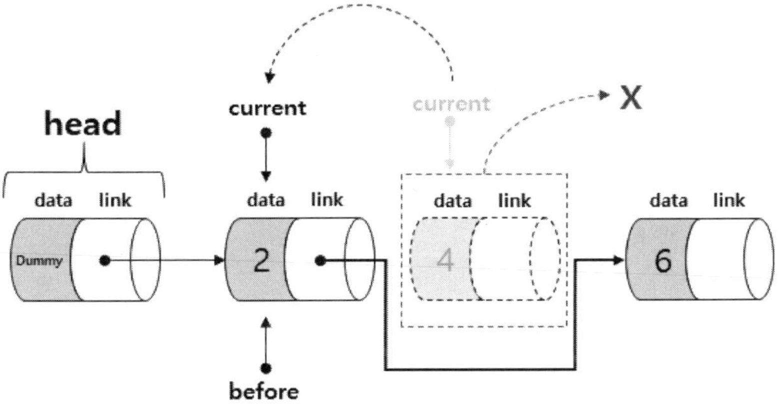

▌그림 4-8▐ 해당 노드를 삭제하는 과정

실습 문제 및 내용

◖ 실습 문제 ◗

연결리스트의 개념을 이해하기 위해서 연결리스트를 다루는데 가장 기초적인 연산인 삽입, 삭제, 검색 등에 관한 함수를 구현한다. 또한 이들 함수를 테스트하는 메인 프로그램을 작성한다.

◖ 실습 내용 ◗

연결리스트를 구현하기 위해 다음과 같은 구조체와 함수 구조들을 이용하여 실습을 진행한다.

❶ 연결리스트의 기초 연산을 구현하기 위해 다음과 같이 노드의 구조체를 정의한다. 또한 연결리스트 관리에 부가적으로 필요한 포인터 변수들을 정의한다.

```
//연결리스트의 노드의 구조체 정의
typedef struct node {
  int data;
  struct node *next;
} Node;

//연결리스트 수행을 위한 구조체
typedef struct linkedList {
  Node *head;
  Node *before;
  Node *current;
    } List;
```

❷ ❶에서 정의한 구조체를 활용하여 <표 4-1>에서 기술한 연결리스트의 삽입과 삭제 함수를 구현한다.

표 4-1 연결리스트 구현을 위한 함수의 프로토 타입

함수이름	함수의 구현 내용
<연결리스트의 초기화> 함수 이름 : void Initiailzation 인수 : List *plist	- 연결리스트의 초기 설정을 위해 메모리를 동적으로 할당하여 head를 생성한다. - 생성된 head 노드의 link 필드는 NULL로 초기화 한다.
<노드의 삽입> 새로운 노드를 생성하여 head 노드 다음에 삽입한다. 함수 이름 : void LinkedInsert 인수• List *plist, int data	- 메모리를 동적으로 할당하여 새로운 노드를 생성한다. - 새로운 노드에 데이터를 저장한다. - 새로운 노드의 link 필드를 head의 link 필드 값으로 변경하고, head의 link 필드를 새로운 노드로 설정한다.
<노드의 삭제> 주어진 데이터를 연결리스트에서 검색하여 삭제한다. 함수 이름 : int LinkedRemove 인수 : List *plist, int data	- head 노드의 링크 필드가 NULL일 경우 종료한다. - head 노드의 링크 필드가 NULL이 아닐 경우 다음을 수행한다. · 주어진 데이터를 연결리스트에서 검색한다. 검색 시 이전 노드와 현재 노드를 기억하기 위해 before와 current 포인터를 유지한다. · before 노드의 링크 필드를 current 노드의 링크 필드의 값으로 변경한다. · current 노드를 반환하고 새로운 current를 before 노드로 지정한다. - 주어진 데이터가 정상적으로 삭제되면 1, 그렇지 않으면 0을 반환한다.

❸ ❷에서 구현한 삽입과 삭제 함수를 시험하기 위한 메인 함수를 작성한다. 다섯 개 이상의 데이터를 사용하여 연결리스트를 구성하고 삽입과 삭제 함수를 시험하여 그 결과를 분석한다.

실습 응용

◖ 응용 문제 ◗

실습을 통해서 구현해 본 연결리스트를 응용하여 데이터를 검증하는 프로그램을 설계하고 구현해보도록 한다.

◖ 실습 내용 ◗

가상으로 배관설비를 검증하는 프로그램을 구현하도록 한다. 주어진 배관 블록들을 이용하여 연결 관계가 잘 이루어졌는지 검증할 수 있어야 된다.

❶ 설비 검증 프로그램을 구현하기 위한 규칙을 참고하여 실제로 구현작업을 진행해보도록 한다. 다음은 구현을 위한 세부 규칙을 정해놓은 것이다.

a. 열 개의 배관을 활용해야 한다.
b. 배관모양은 (—),(│),(┐),(┘),(└) 으로 설정한다.
c. 현재 노드를 기준으로 하여 다음 노드에 대해서 알맞은 배관 모양인지 판별하기 위해 아래와 같은 세부규칙을 정한다.
  - 현재 노드 == '—' && 다음 노드 == '│'
  - 현재 노드 == '—' && 다음 노드 == '┐'
  - 현재 노드 == '┐' && 다음 노드 == '│'
  - 현재 노드 == '│' && 다음 노드 == '└'
  - 현재 노드 == '└' && 다음 노드 == '—'

d. 배관에 대한 연결 관계가 진행되는 형태는 별도의 룰을 정의한 함수를 만들어서 사용하도록 한다. <그림 4-9>는 배관 연결 관계를 검증하는 과정을 보인다.

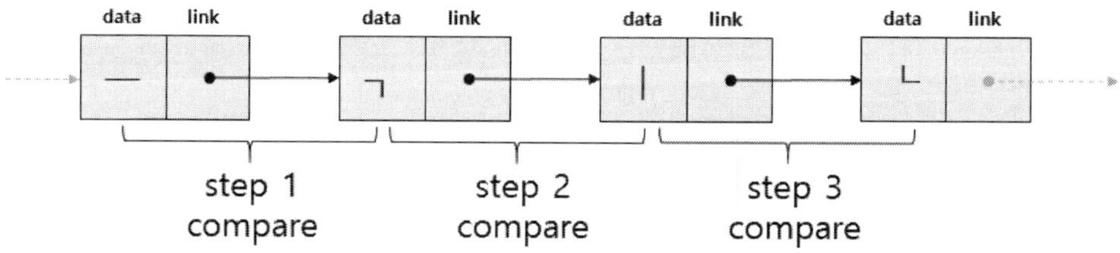

▌그림 4-9▐ 이전 노드와 다음 노드를 비교하는 과정

❷ 프로그램 구현에 필요한 구조체와 함수는 이전에 정수 형태로 데이터를 삽입 하는 형태가 아닌 문자열로 데이터를 삽입하여 관리하는 형태로 이루어진다.

```
//연결리스트의 노드의 구조체 정의
typedef struct _node {
  char *piplinetype;
  struct _node * next;
  } Node;

//연결리스트 수행을 위한 구조체
typedef struct _linkedList {
  Node *head;
  Node *tail;
  Node *before;
  Node *current;
  int nodeCreateCount;
} Linkedlist;
```

표 4-2 배관검증 프로그램 구현을 위한 함수의 프로토 타입

함수이름	함수의 구현 내용
<연결리스트의 초기화> 함수 이름 : void Linkedinit 인수 : List *plist	- 연결리스트의 초기 설정을 위해 메모리를 동적으로 할당하여 head와 tail을 생성한다. - 생성된 head 노드의 link 필드는 tail을 연결하여 초기화 하고 tail에는 NULL을 대입한다.
<노드의 삽입> 새로운 노드를 생성하여 head 노드 다음에 삽입한다. 함수 이름 : void LinkedInsert 인수• List *plist, char *pipline	- head를 기준으로 처음에 노드가 삽입될 경우와 그렇지 않을 경우를 구분한다. - 처음 노드가 삽입될 경우 before가 head를 가르키고, before->next가 current인 다음 노드를 가리킨다. - 이미 노드가 삽입 상태라면 before가 현재의 current가 되며, newNode가 새로운 current가 되며, before->next가 current를 가리키게 된다.
<노드의 검색> 주어진 데이터를 연결리스트에서 검색하여 찾아낸다. 함수 이름 : int LinkedListSearchProc 인수 : List *plist, char **pipline	- head가 가리키는 다음 노드가 tail일 경우 검색을 종료한다. - before에 head을 대입하도록 하고, current에는 head->next를 대입한다. - 이후에 다음 노드들에 한하여 반복 루프를

	통해서 다음 노드가 tail를 가리키고 있을 때까지 노드를 찾아낸다.
<규칙을 통한 검증> 연결리스트에서 데이터들을 검색하는 대신 before와 current를 활용하여 배관이 서로 잘 맞는지 검증하여 최종 결과를 찾아낸다. 함수 이름 : int pipRuleCheck 인수 : List *plist, char ** pipline, int count	- LinkedListSearchProc 함수처럼 처음 검색되는 형태는 동일하다. - 검색도중에 before와 current의 대상이 되는 각각의 노드가 배관 연결 관계에 적합하면 count가 증가하게 된다. - 배관 비교조건에 사용되는 (•),(•),(•),(•),(•)를 조합하여 다섯 개의 if-else 조건을 만들어 검증결과를 도출한다.

❹ 완성된 프로그램을 테스트하기 위해서 다음의 예시를 참고하여 메인 함수에 열 개의 배관을 생성하여 각각의 결과가 어떻게 나오는가를 확인한다.

번호	삽입한 배관모양(10개)	배관형태	검증결과
1	(•),(•),(•),(•),(•) (•),(•),(•),(•),(•)	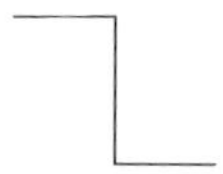	승인
2	(•),(•),(•),(•),(•) (•),(•),(•),(•),(•)	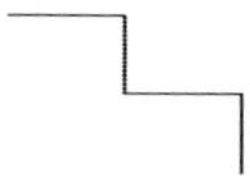	승인
3			
4			
5			
6			
7			
8			
9			
10			

실습 보고서 작성

다음 양식에 따라 전 단계에서 연습한 **실습 응용** 문제에 대한 실습 결과 보고서를 작성한다.

[제 4주차] 실습 결과 보고서			
학번		이름	
연결리스트에 대한 기술	실습 문제의 구조체를 참고하여 연결리스트의 생성, 삽입, 삭제 과정을 그림으로 표현한다.		
연결리스트의 프로그램 구현	실습 문제에 주어진 프로토 타입 함수들을 바탕으로 프로그램을 구현한다. 5회 이상 반복한 실습 결과를 기술한다.		
배관설비 검증 프로그램에 대한 결과 도출	연결리스트를 기반한 배관설비 검증 프로그램을 구현하고 그 결과를 검증한다.		
실습 결과 논의	실습 결과를 중심으로 느낀점을 기술한다.		

제 5주차

연결리스트 응용

실습 목표

- 연결리스트의 응용으로 원형 연결리스트와 양방향 연결리스트를 구현하여 실습을 통하여 학습한다.
- 두 응용 문제를 해결하기 위한 자료 구조와 효과적인 구현을 위한 알고리즘에 대해 학습한다.
- 두 응용 문제의 해결을 위한 설계, 구현, 실습 등의 과정을 통하여 연결리스트의 응용 능력을 배양한다.

기초 지식

❶ 원형 연결리스트의 구현

단순 연결리스트는 한 방향으로 구성된 리스트를 의미한다. 원형 연결리스트는 <그림 5-1>과 같이 단순 연결리스트에서 마지막 노드의 링크가 첫 번째 노드로 연결되어 있는 구조를 의미한다. 제 5주차에서 원형 연결리스트에 대해서 실습을 진행한다. 원형 연결리스트의 경우 헤드 포인터를 어디에 두는가에 따라 노드의 삽입에 대한 시간이 달라 질 수 있다. 본 실습에서는 헤드 포인터가 첫 번째 노드가 아닌 마지막 노드를 가리키는 상황을 고려한다. <그림 5-1>에서와 같이 헤드 노드로 생각할 수 있는 tail 포인터가 원형 연결리스트에서 마지막 노드를 가리킨다.

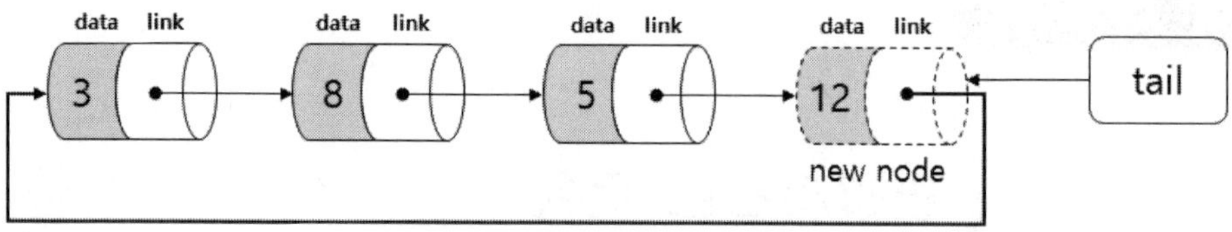

▌그림 5-1▐ 원형 연결리스트의 예

이러한 구조를 갖는 원형 연결리스트에서 새로운 노드를 삽입하는 과정을 알아본다. <그림 5-1>에서 헤드 역할을 하는 tail 포인터가 '5'를 갖는 노드를 가리키는 상황을 고려한다. 새로운 노드를 마지막 노드 다음에 추가하기 위해 new node를 생성한다(그림에서 데이터 값이 12인 노드). 새로운 노드를 마지막 노드에 다음에 삽입하기 위한 절차는 다음과 같다.

```
newnode->data = 12;
newnode->link = tail->link;
tail = newnode;
```

위의 절차가 완료되면 새로운 tail은 새로 삽입된 노드를 가리키며 새로 삽입된 노드의 링크 포인터는 첫 번째 노드로 설정되어 원형 연결리스트를 완성한다.

❷ 양방향 연결리스트의 구현

양방향 연결리스트는 이중 연결리스트라고도 불리는 자료 구조로써 노드가 양쪽 방향으로 연결된 구조의 리스트이다. 하나의 노드가 자신의 왼쪽과 오른쪽을 동시에 가리키는 자료 구조로 양방향 이동을 자유롭게 이동하고자 하는 응용에 적용할 수 있다. <그림 5-2>는 양방향 연결리스트의 예를 보여준다.

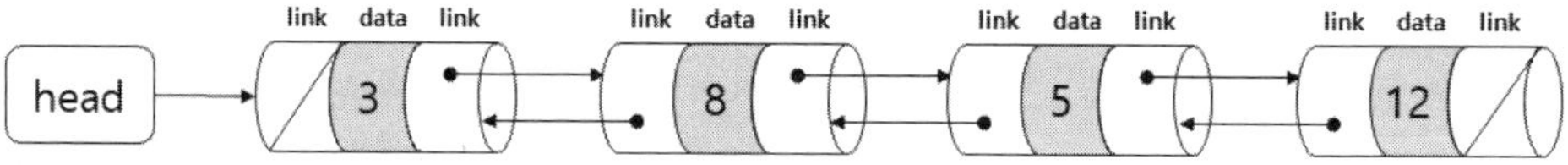

▌그림 5-2▐ 양방향 연결리스트의 예

양방향 연결리스트는 하나의 노드가 두 개의 포인터를 사용하기 때문에 다소 복잡해 보일 수 있지만 단 방향 연결리스트에서 했던 절차를 그대로 사용하면 쉽게 구현할 수 있다. <그림 5-3>은 양방향 연결리스트에서 새로운 노드를 삽입하는 과정을 보여준다.

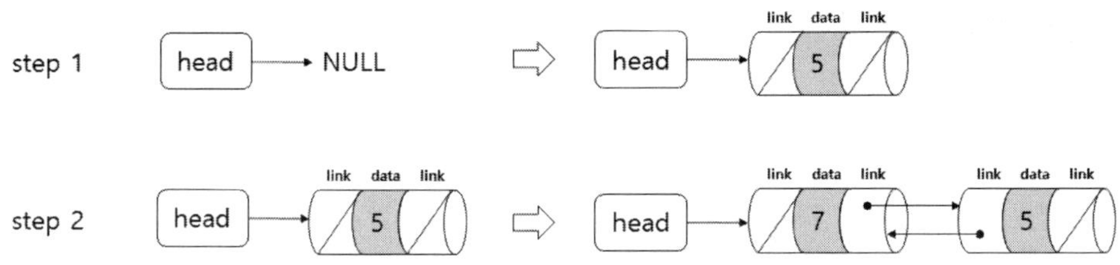

▌그림 5-3▐ 새로운 노드의 삽입 예

양방향 연결리스트가 생성되기 전에 head는 포인터를 NULL로 설정한다. 이 후 새로운 노드가 생성되면 head 포인터는 새로운 노드로 가리키도록 한다. 본 실습에서는 <그림 5-3>의 단계 2에서처럼 새로운 노드가 삽입될 때마다 맨 앞쪽에 삽입된다고 가정한다. 즉, head 포인터는 항상 새로 삽입된 노드를 가리키도록 한다. 이러한 과정은 다음과 같은 절차에 따라 구현될 수 있다.

```
newnode->rlink = head;
newnode->llink = NULL;
head = newnode;
```

실습 문제 및 내용

◖ 실습 문제 ◗

기초지식에서 학습한 원형 연결리스트와 양방향 연결리스트를 다둘 기본적인 함수를 구현하고 실습을 통하여 그 결과를 확인한다.

◖ 실습 내용 ◗

원형 연결리스트와 양방향 연결리스트의 응용을 구현하기 위해 다음과 같은 절차를 따라 실습을 진행한다.

원형 연결리스트 :

❶ 원형 연결리스트를 구현하기 위해 필요한 관련 구조체와 기본적인 함수들이 다음에 기술되었다. 다음의 구조체와 <표 5-1>의 함수들에 대한 설명을 참조하여 프로그램을 구현한다.

```
//원형 연결리스트에 필요한 Node 구조체
typedef struct _node {
      int data;
      struct _node *next;
} Node;
------------------------------------------------------------
//원형 연결리스트의 진행에 필요한 구조체
typedef struct _CLinkedList {
      Node *tail;
      Node *before;
      Node *current;
      int NodeCreateCount;
} CLinkedList;
```

표 5-1 원형 연결리스트 구현을 위한 함수의 프로토 타입

함수이름	함수의 구현 내용
<원형 연결리스트의 초기화> 함수 이름 : void CInitLinkedList 인수 : List *plist	- 초기 설정을 위해 tail과 before, current, nodeCreateCount를 초기화한다. - tail을 사용하는 이유는 원형 연결리스트 구현에서 끝에서부터 노드를 추가하기 위해서 사용한다.
<노드 삽입> tail의 왼쪽에 새로운 노드를 삽입한다. 함수 이름 : void CInsertLinkedList 인수 : List *plist, int data	- tail을 기준으로 하여 노드가 처음 생성되었을 경우와 그렇지 않았을 경우를 구분한다. - 노드를 최초로 처음 생성했을 경우에는 tail이 새로운 노드를 가리키도록 하고, 자기 자신을 가르킬 수 있도록 newNode->next에 newNode를 대입한다. - 기존에 노드가 있을 경우에는 tail의 next를 newNode의 next에 대입하고, tail의 next에 newNode를 대입한다.
<노드의 검색> 주어진 데이터를 원형 연결리스트에서 검색하여 찾아낸다. 함수 이름 : void SearchCLinkedList 인수 : List *plist, int *data, int loop	- tail이 다른 노드와 연결되어 있는지를 검사하여, 다른 노드와 이미 연결되어 있는 상태라면 tail을 before에 넣어 이전 노드로 설정하고 tail의 next를 current에 넣어서 현재 노드로 하여 검색과정을 반복한다. - 원형 연결리스트 이므로 조건 반복문으로 노드들을 찾을 경우 무한으로 반복하게 된다. NodeCount 함수에서 노드가 생성된 개수만큼 검색을 진행한다.
<노드 개수 계산> 노드가 생성된 개수에 대해서 값을 전달한다. 함수 이름 int NodeCount 인수 : List *plist	- 원형 연결리스트의 노드의 개수를 계산한다.

❷ ❶에서 원형 연결리스트가 동작하기 위해 구현한 함수들을 이용하여 정상적으로 삽입, 검색을 실행할 수 있는지를 메인함수를 작성하고, 다음의 표에 생성된 노드의 값과 검색으로 출력된 값을 각각 작성한다.

실행 횟수	입력 값(CInsertLinkedList)					출력 값(SearchCLinkedList)				
1										
2										
3										
4										
5										
6										
7										
8										
9										
10										

❸ 현재 원형 연결리스트에서 삭제 기능이 제외되어 있다. 삭제 함수를 구현하기 위한 방법을 기술하시오.

양방향 연결리스트 :

❶ 양방향 연결리스트를 구현하기 위한 구조체와 관련 함수의 프로토 타입이 다음과 같이 기술되어 있다. 이를 참고하여 <표5-2>의 함수를 구현한다.

```
//양방향 연결리스트에 필요한 Node 구조체
typedef struct _node{
     int data;
     struct _node *prev;
     struct _node *next;
} Node;
---------------------------------------------------------
//양방향 연결리스트에 필요한 구조체
typedef struct _DLinkedList{
     Node *head;
     Node *current;
} DLinkedList;
```

표 5-2 양방향 연결리스트의 구현을 위한 함수 프로토 타입

함수이름	함수의 구현 내용
<양방향 연결리스트의 초기화> 함수 이름 : void DInitLinkedList 인수 : List *plist	- 초기 설정을 위해 head와 current를 초기화 한다. - head를 기준으로 양방향 연결리스트가 수행되게 된다.
<노드 삽입> head 다음에 새로운 노드를 삽입하고 왼쪽과 오른쪽의 양방향으로 연결이 가능하도록 한다. 함수 이름 : void DInsetLinkedLIst 인수 : List *plist, int data	- 삽입과정은 단순연결리스트와 달리 왼쪽과 오른쪽으로 각각 노드들이 연결되어 있어야 되므로, 처음에는 head를 통해 newNode를 가리키도록 한다. - 추가적으로 노드가 생성될 때 head가 갖고 있는 현재 노드의 주소를 다음에 생성되는 newNode의 next에 대입하고 head의 prev에 다시 newNode를 대입하면 양방향으로 연결이 된다. - head는 방금 생성된 node를 가리켜야 되므로 newNode의 prev는 NULL이며, head는 newNode를 가리키게 된다.
<노드의 검색> 주어진 데이터를 양방향 연결리스트에서 검색하여 찾아낸다. 함수 이름 : void DSearchLinkedList 인수 : List *plist, int *data	- head가 NULL이 아니면 검색을 진행하여 next 방향으로 가리키는 곳에 데이터를 출력하도록 한다. - next 방향의 반대로 prev가 가리키는 방향으로 데이터를 출력하도록 한다.

❷ ❶에서 구현한 함수를 시험하기 위한 메인 함수를 작성한다. 다음의 표에 생성된 노드의 값과 검색으로 출력된 값을 각각 작성하도록 한다. (단 다섯 개의 입력 값을 기준으로 테스트를 진행한다.)

실행 횟수	입력 값(CInsertLinkedList)					출력 값(SearchCLinkedList)				
1										
2										
3										
4										
5										
6										
7										
8										
9										
10										

❸ 구현된 양방향 연결리스트에서 삭제 기능을 추가로 구현하여 실행 결과를 확인한다.

실습 보고서 작성

다음 양식에 따라 실습 결과 보고서를 작성한다.

[제 5주차] 실습 결과 보고서			
학번		이름	
원형 연결리스트 프로그램 구현	원형 연결리스트의 생성, 삽입, 검색 함수를 구현하여 실습을 통해 그 결과를 확인한다.		
원형 연결리스트의 삭제 기능 구현	원형 연결리스트가 정상적으로 동작하는지 실행결과를 표에 기입하고 추가적으로 삭제기능을 구현한다.		
양방향 연결리스트 프로그램 구현 및 삭제 기능 구현	양방향 연결리스트의 생성 및 삽입 함수를 구현하여 그 결과를 확인한다. 또한 삭제 함수를 추가적으로 구현한다.		
실습 결과 논의	실습 결과를 중심으로 느낀점을 기술한다.		

제 6주차

스택 기초

실습 목표

- 스택의 개념을 이해하고 스택의 기본 연산을 구현하여 실습을 통하여 학습한다.
- 스택을 배열과 연결리스트를 사용하여 구현하는 방법을 학습한다.
- 스택의 개념과 기본 연산의 학습을 통하여 응용능력을 배양한다.

기초 지식

스택은 후입 선출(LIFO : Last-In-First-Out)의 형태로 마지막에 입력되었던 자료가 제일 먼저 빠져나가는 자료 구조이다. 스택은 같은 유형의 데이터 집합을 다루며, 삽입(PUSH)과 삭제(POP)가 같은 포인터(top)에서 이루어지는 독특한 자료 구조이다. 스택은 일상생활에서 우리에게 익숙하지는 않지만 응용문제를 컴퓨터로 해결하기 위해서는 아주 유용한 자료 구조이다. 다음에서는 배열 및 연결리스트를 사용하여 스택을 구현하기 위한 기초적인 개념을 설명한다.

❶ 배열 기반의 스택

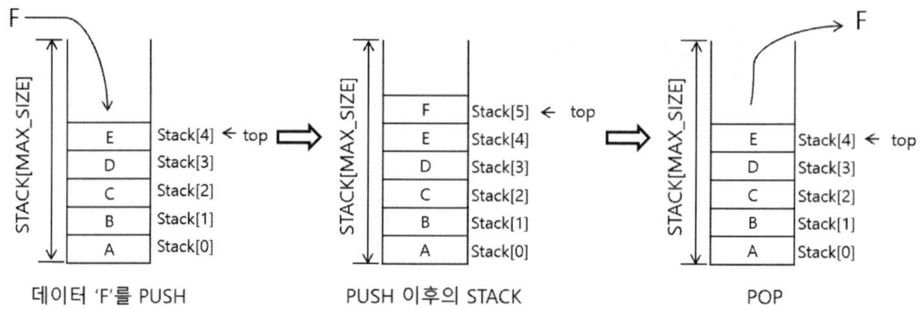

▮그림 6-1▮ 배열 기반의 스택에서 PUSH와 POP 연산

<그림 6-1>은 배열로 구현된 스택의 구조의 예를 보여준다. 배열은 정적인 구조로 스택 공간이 미리 할당되어야 한다. <그림 6-1>에서 스택의 최대 크기는 MAX_SIZE이며 배열 STACK[0]에서 STACK[MAX_SIZE-1]까지의 공간이 사용된다. 스택에서 삽입과 삭제 연산은 같은 포인터에서 이루어지며 이 포인터를 top이라 정의한다. top은 배열 스택에서 초기 값을 -1로 설정한다. 스택에서 데이터를 삽입할 경우 먼저 top 포인터에 1을 더하고 해당 위치에 데이터를 삽입한다. 데이터를 삭제할 경우 현재 top 포인터의 데이터를 반환하고 top 포인터에 -1을 더한다. 배열 기반의 스택에서 기본적인 연산은 다음과 같다.

- **isEmpty()**

  스택이 비었는지 확인을 하는 함수이다. top의 값이 -1일 경우 스택은 비었다라고 할 수 있다. 스택이 비었을 경우 pop(), peek() 연산은 할 수 없다.

- **isFull()**

  스택이 가득 찼는지 확인을 하는 함수이다. top의 값이 스택의 최대 크기인 (STACK_SIZE)-1의 값과 같으면 스택은 가득 찼다라고 할 수 있다. 스택이 가득 찼을 경우 push 연산은 할 수 없다.

- **push()**

  스택에 데이터를 삽입하는 함수이다. top의 값을 하나 증가(top = top + 1)하여 새로운 top의 위치에 데이터를 삽입한다. top이 최대 스택 크기를 넘어서면 더 이상 push() 연산을 할 수 없다.

● pop()

스택에 있는 데이터를 반환하는 함수이다. 현재 top이 가리키는 위치의 데이터를 반환하고, top의 값을 하나 감소(top = top - 1)한다. 스택이 비어 있을 경우 pop() 연산을 할 수 없다.

● peek()

스택의 top이 가리키고 있는 부분의 값을 확인하는 함수이다. pop() 함수와 다른 점은 peek() 함수는 top의 값을 변경하지 않고 top이 가리키고 있는 값만 반환한다.

❷ 연결리스트 기반의 스택

<그림 6-2>는 연결리스트 기반 스택의 예를 보여준다. 배열 스택에 비해 연결리스트 기반의 스택은 미리 스택의 크기를 지정하지 않아도 되고 공간에 제약을 받지도 않는다. <그림 6-2>에서 첫 번째 예는 연결리스트 스택 예를 보여주며 배열 스택에서와 같이 top 포인터에서 삽입과 삭제 연산이 이루어진다. 두 번째 그림은 스택에 새로운 값을 삽입하는 예를 보여주며, top 포인터가 새로운 노드를 가리키고 새로운 노드의 링크 포인터는 이전 top 포인터 노드로 설정한다. 세 번째 그림은 top 포인터의 노드를 삭제하는 예를 보여주며, top 포인터 노드의 값을 반환 후에 새로운 top 포인터는 다음 노드가 된다. 연결리스트 기반의 기본적인 스택 연산은 배열 스택의 기본 연산과 같다.

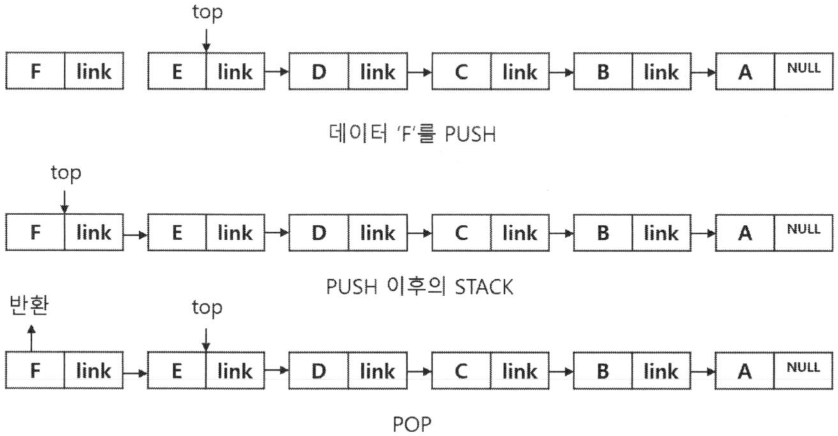

▌그림 6-2▐ 연결리스트 기반 스택에서 PUSH와 POP 연산

실습 문제 및 내용 : 배열 기반의 스택 구현

◀ 실습 문제 ▶

순차 자료 구조인 배열을 사용하여 스택의 기본 연산을 구현하여 실습을 통하여 그 결과를 확인한다.

◀ 실습 내용 ▶

다음과 같은 절차를 따라 자료 구조를 정의하고 스택의 기본 연산을 구현하여 실습을 진행한다.

❶ 이 문제를 해결하기 위해 자료 구조를 설계한다.

스택을 사용하기 위한 자료 구조는 다음과 같이 크기 n을 갖는 배열로 정의한다. 배열 자료 유형은 응용 영역에 따라 달리 정의할 수 있다.

stack_size

stack[]	stack[0]	stack[1]	stack[2]	stack[3]	...	stack[n-2]	stack[n-1]

▌그림 6-3▐ 길이가 n인 스택의 구조

❷ 배열 기반 스택의 기본 연산을 구현하기 위한 가상 코드는 다음과 같이 기술된다.

```
Algorithm isFull(Stack)
Input : 배열 스택(Stack)
Output : 배열 스택의 Full 여부
 if top = (Stack_size -1) then
    return Overflow
 else
    return non_Overflow
------------------------------------------------------------
Algorithm isEmpty(Stack)
Input : 배열 스택(Stack)
Output : 배열 스택의 Empty 여부
 if top = -1 then
    return Underflow
```

```
 else
   return non_Underflow
-----------------------------------------------------------
Algorithm push(Stack, item)
Input : 배열 스택(Stack), 삽입할 값(item)
Output : 배열 스택(Stack)
 if (isFull(Stack) != Overflow) then
 {
    top <- top +1
    Stack[top] <- item
 }
 else error
-----------------------------------------------------------
Algorithm pop(Stack)
Input : 배열 스택(Stack)
Output : 스택의 가장 최근 값
 if (isEmpty(Stack) != Underflow) then
 {
    temp <- Stack[top]
    top <- top -1
    return temp
 }
 else error
-----------------------------------------------------------
Algorithm peek(Stack)
Input : 배열 스택(Stack)
Output : 스택의 가장 최근 값
 if (isEmpty(Stack) != Underflow) then
    return Stack[top]
 else error
```

❸ ❷에서 기술한 스택의 기본 연산에 대한 가상 코드를 C함수로 구현한다. 단, 함수 구현 시 배열 스택이 글로벌 변수로 정의되어 있다고 가정한다.

```
int isFull()
{
  .................
}
int isEmpty()
{
  .................
}
element push(element item)
{
  스택이 Full 상태인지를 미리 체크
  .................
}

element pop()
{
  스택이 Empty 상태인지를 미리 체크
  .................
}

element peek()
{
  스택이 Empty 상태인지를 미리 체크
  .................
}
```

❹ ❸에서 구현한 스택의 기본 함수를 시험하기 위한 메인 함수를 작성한다.

```
#include <stdio.h>
#include <stdlib.h>

#define STACK_SIZE 5
typedef int element;
element stack[STACK_SIZE];
int top = -1;

void main()
{
  ...
}
```

❺ 프로그램의 테스트를 위해 메인 함수에 다음 표와 같이 삽입(push) / 삭제(pop) 연산이 일어나도록 반영하고 실습 결과를 확인한다.

실행 예	실행 결과	
	top	삽입/삭제 값
push(1)		
push(2)		
push(3)		
push(4)		
push(5)		
push(6)		
pop()		
pop()		
pop()		
pop()		
pop()		
pop()		

실습 문제 및 내용 : 연결리스트 기반 스택의 구현

◖ 실습 문제 ◗

연결리스트를 사용하여 스택의 기본 연산을 구현하고 실습을 통하여 그 결과를 확인한다.

◖ 실습 내용 ◗

다음과 같은 절차를 따라 실습을 진행한다.

❶ 연결리스트 스택을 위한 각 노드의 구조를 다음과 같이 정의한다.

	element	StackNode
StackNode	data	*link

▌그림 6-4▐ 연결리스트 기반의 스택 구조

```
typedef int element;
typedef struct StackNode
{
  element data;
  struct StackNode *link;
} StackNode;
```

❷ 스택의 top 포인터를 전역변수로 선언한다.

```
StackNode *top;
```

❸ 연결리스트 기반 스택의 기본 연산을 위한 가상 코드를 다음과 같이 기술한다.

```
Algorithm push(element item, Stacknode *top)
Input : 스택에 삽입할 값(item), 연결리스트 스택(top)
Output : 수정된 연결리스트 스택
 StackNode *temp = (StackNode *)malloc(sizeof(StackNode))
 temp->data = item
 temp->link = top
 top = temp
-------------------------------------------------------
```

```
Algorithm element pop(Stacknode *top)
Input : 연결리스트 스택(top)
Output : top 포인터의 노드 값(item)
element item, StackNode *temp
temp <- top
if top != NULL then
   item <- temp->data
   top <- temp->link
   free(temp)
   return item
else
   error
----------------------------------------------------------
element peek(Stacknode *top)
Input : 연결리스트 스택(top)
Output : top 포인터의 노드 값(item)
if top != NULL then
   return top -> data
else
   error
```

❹ ❸에서 가상 코드로 기술한 스택 연산을 C함수로 구현한다. 단, 스택의 노드 구조 및 연결리스트 스택의 top 포인터는 전역변수로 정의되어 있다고 가정한다.

```
void push(element item)
{
  .................
}

element pop()
{
  .................
}

element peek()
{
  .................
}
```

❺ ❹에서 구현한 스택 함수를 시험하기 위한 메인 함수를 작성한다.

```
#include <stdio.h>
#include <stdlib.h>

typedef int element;
typedef struct StackNode {
        element data;
        struct StackNode *link;
        } StackNode;
top = NULL;

void main()
{
  ....................................
}
```

❻ 프로그램의 테스트를 위해 메인 함수에 다음의 표와 같이 삽입(push)/삭제(pop) 연산이 일어나도록 반영하고 실습 결과를 확인한다.

실행 예	삽입/삭제 값	연결리스트 스택의 변화를 그림으로 표기
push(1)		
push(2)		
push(3)		
pop()		
push(4)		
pop()		
pop()		
pop()		

실습 보고서 작성

다음 양식에 따라 실습 결과 보고서를 작성한다.

<table>
<tr><th colspan="4">[제 6주차] 실습 결과 보고서</th></tr>
<tr><td>학번</td><td></td><td>이름</td><td></td></tr>
<tr><td>자료 구조 기술</td><td colspan="3">- 배열 스택의 자료 구조를 기술한다.
- 연결 리스트 스택의 자료 구조를 기술한다.</td></tr>
<tr><td>스택의 기본 연산 구현</td><td colspan="3">- 배열 스택의 기본 연산 함수들을 구현한다.
- 연결리스트 스택의 기본 연산 함수들을 구현한다.</td></tr>
<tr><td>실습 결과</td><td colspan="3">- 배열 스택에서 ❺번째 단계에서 실습한 내용을 기술한다.
- 연결리스트 스택에서 ❻번째 단계에서 실습한 내용을 기술한다.</td></tr>
<tr><td>실습 결과 논의</td><td colspan="3">- 실습 결과를 중심으로 느낀점을 기술한다.
- 배열 및 연결리스트 기반 스택의 장·단점에 대해 논의한다.</td></tr>
</table>

제 7주차

스택 응용

실습 목표

- 스택의 응용으로 중위식을 후위식으로 변환하고 변환된 후위식을 계산하는 문제를 구현한다.
- 스택을 사용한 자료 구조 설계 및 프로그램 구현을 통하여 응용 문제의 해결 능력을 배양한다.
- 스택 응용 실습을 통하여 세부적으로 동작되는 과정을 관찰하여 스택 구조를 구체적으로 이해한다.

기초 지식

제 7주차에서는 스택의 응용으로 중위식을 후위식으로 변환하고, 변환된 후위식을 다시 스택을 사용하여 계산하는 문제를 고려한다. 일반적으로 사람들은 중위식에 익숙하지만 컴퓨터는 중위식 보다는 후위식으로 표현된 수식을 더 효율적으로 계산할 수 있다. 후위식의 장점은 연산자의 우선순위를 신경 쓰지 않고 왼쪽에서 오른쪽으로 표기된 순서대로 계산하면 된다는 장점이 있다. 이 문제를 해결하기 위한 기초적인 지식을 먼저 알아본다.

❶ 수식의 표기법

일반적으로 수식의 표기법은 전위식, 중위식, 후위식 표현 방법 등이 있다. 제 7주차의 실습에서는 중위식과 후위식의 관계를 다루기 때문에 두 식의 표기법을 간단히 설명한다. 중위식은 우리가 일반적으로 가장 많이 사용하는 수식의 표기법으로 연산자가 피연산자 가운데 위치한다. 후위식은 피연산자 뒤에 연산자가 위치하는 표기법이다. 후위식의 경우 연산자의 우선순위와 상관없이 수식을 왼쪽에서 오른쪽으로 진행하면서 계산하기 때문에 컴퓨터로 수식을 계산하는데 있어 매우 효율적이다. <표 7-1>은 중위식과 후위식의 표기 예를 보여준다.

표 7-1 중위식 후위식 표기

중위식	A * B - C / D
후위식	A B * C D / -

❷ 중위식의 후위식 변환

스택은 중위식을 후위식으로 변환하기 위한 효과적인 자료 구조이다. 임의의 중위식이 주어지면 후위식으로 변환하기 위해 다음과 같은 규칙을 사용한다.

- 피연산자 : 해당 피연산자를 출력한다.
- 연산자 : 해당 연산자를 스택의 연산자와 비교하여 우선순위가 낮으면 스택에 저장하고, 그렇지 않으면 스택에 있는 우선순위가 높은 연산자를 출력한 후에 해당 연산자를 스택에 저장한다.
- 왼쪽 괄호("(") : 스택에 저장한다.
- 오른쪽 괄호(")") : 스택에서 왼쪽 괄호가 나올 때까지 스택에 저장된 연산자를 출력한다.

다음은 중위식이 주어질 경우 스택에서 후위식으로 변환되는 과정을 보여준다. 표에서 stack[]은 중위식을 후위식으로 변환하는 과정에서 스택의 상태를 보여준다.

```
중위식 : (2 + 5) * 7 * (4 + 3), 변환된 후위식 : 25 + 7 * 43 + *
```

표 7-2 중위식 ➜ 후위식 변환 과정

입력 값	stack[]			출력 값
	[0]	[1]	[2]	
(	(			
2	(			2
+	(	+		2
5	(	+		25
)				25+
*	*			25+
7	*			25+7
*	*			25+7*
(	*	(		25+7*
4	*	(		25+7*4
+	*	(	+	25+7*4
3	*	(	+	25+7*43
)	*			25+7*43+
eof				25+7*43+*

❸ 후위식의 스택 계산

이제 변환된 후위식을 스택을 이용하여 계산하는 방법을 알아본다. 후위식을 스택을 사용하여 계산하기 위해 다음과 같은 규칙을 사용한다.

- 피연산자 : 스택에 저장한다.
- 연산자 : 스택에 저장된 두 개의 피연산자를 가져와 해당 연산자를 적용한 뒤에 그 결과를 스택에 저장한다.

<표 7-3>은 위에서 변환된 후위식 "25 + 7 * 43 + *"이 주어질 경우 스택을 사용하여 계산되는 과정을 보여준다. 최종적으로 스택에 남아 있는 값이 주어진 후위식에 대한 계산 결과가 된다.

```
후위식 : 25 + 7 * 43 +*
```

표 7-3 후위식 연산

입력 값	stack[]		
	[0]	[1]	[2]
2	2		
5	2	5	
+	7		
7	7	7	
*	49		
4	49	4	
3	49	4	3
+	49	7	
*	343		
EOF	343		

실습 문제 및 내용

◀ 실습 문제 ▶

스택을 사용하여 중위식을 후위식으로 변환하기 위한 프로그램을 작성하여 실습을 통하여 그 결과를 확인한다.

◀ 실습 내용 ▶

이 문제를 해결하기 위해 다음과 같은 절차를 따라 실습을 진행한다.

❶ 이 문제를 해결하기 위한 자료 구조를 설계한다.

이 문제를 해결하기 위해 배열 스택을 자료 구조로 사용한다. 다음은 배열로 표현된 스택의 모형과 자료 유형의 정의 예를 보인다. 스택의 크기 및 자료 유형은 응용 예에 따라 다르게 정의될 수 있다.

```
#define Max_Size 100  //스택 최대 길이
typedef int element;
element stack[Max_Size];
int top = -1;
```

stack_size

stack[]	stack[0]	stack[1]	stack[2]	stack[3]	...	stack[Max_Size-1]

스택의 기본적인 연산은 다음과 같으며 세세한 내용은 제 6주차 실습에서 설명한 내용을 그대로 사용하면 된다.

```
int isFull() //스택이 가득 찼는지 확인한다.
int isEmpty() //스택이 비었는지 확인한다.
element PUSH(element item) //스택에 item을 삽입한다.
element POP() //스택에서 item을 반환 후 삭제한다.
element peek() //스택의 top가 가리키는 item을 반환한다.
```

❷ 중위식을 후위식으로 변환하기 위한 다음의 규칙을 가상 코드를 사용하여 알고리즘

형식으로 기술한다.

- 피연산자 : 해당 피연산자를 출력한다.
- 연산자 : 해당 연산자를 스택의 연산자와 비교하여 우선순위가 낮으면 스택에 저장하고, 그렇지 않으면 스택에 있는 우선순위가 높은 연산자를 출력한 후에 해당 연산자를 스택에 저장한다.
- 왼쪽 괄호("(") : 스택에 저장한다.
- 오른쪽 괄호(")") : 스택에서 왼쪽 괄호가 나올 때까지 스택에 저장된 연산자를 빼 내어 출력한다.

❸ ❷에서 기술한 가상 코드 알고리즘을 C함수로 구현한다. 함수 구현 시에 ❶에서 설명한 스택 관련 자료 구조는 전역변수로 정의되어 있다고 가정한다. 다음 함수에서 infix_exp[]는 주어진 중위식이 저장된 배열을 의미하고, postfix_exp[]는 변환된 후위식이 저장된 배열을 의미한다.

```
void Infix_to_Postfix(char infix_exp[], char postfix_exp[])
{
  ..........................
}
```

❹ 후위식을 스택을 사용하여 계산하기 위한 규칙은 다음과 같다. 다음의 규칙을 가상 코드를 사용하여 알고리즘으로 기술한다.

- 피연산자 : 스택에 저장한다.
- 연산자 : 스택에 저장된 두 개의 피연산자를 가져와 해당 연산자를 적용한 뒤에 그 결과를 스택에 저장한다.

❺ ❹에서 기술한 가상 코드의 알고리즘을 C함수로 구현한다. postfix_exp[]는 ❸에서 변환된 후위식이 저장된 배열을 의미한다.

```
void Compute_Postfix(char postfix_exp[])
{
  ..........................
}
```

❻ 중위식을 후위식으로 변환하는 Infix_to_Postfix() 함수, 스택을 사용하여 후위식을 계산하는 Compute_Postfix()을 시험할 수 있는 메인 함수를 작성한다. 프로그램 실행을 통하여 그 결과를 확인하고 검증한다.

실습 보고서 작성

다음 양식에 따라 실습 결과 보고서를 작성한다.

<table>
<tr><th colspan="4">[제 7주차] 실습 결과 보고서</th></tr>
<tr><td>학번</td><td></td><td>이름</td><td></td></tr>
<tr><td>중위 표기식 ➜
후위 표기식</td><td colspan="3">- 다음 중위식이 후위식으로 변환되는 과정을 보인다.
5 + 6 * 4 * 8 + 2
- 변환된 후위식이 스택에서 계산되는 과정을 보인다.
- 본문에서 기술한 표를 사용하여 같은 방법으로 두 과정의 변화 상태를 보인다.</td></tr>
<tr><td>함수 구현</td><td colspan="3">- 중위식을 후위식으로 변환하는 Infix_to_Postfix() 함수를 구현한다.
- 후위식을 스택을 사용하여 계산하는 Compute_Postfix() 함수를 구현한다.</td></tr>
<tr><td>프로그램 테스트</td><td colspan="3">작성한 프로그램을 실행하여 여러 형태의 중위식을 예제로 입력하여 후위식 변환, 후위식 계산 결과를 확인한다. 5회 이상의 중위식을 입력 예로 사용하여 실습한다.</td></tr>
<tr><td>실습 결과 논의</td><td colspan="3">- 실습 결과를 중심으로 느낀점을 기술한다.
- 특별히 한자리 이상의 수에 대한 처리 방법, 연산자가 많아질 경우 연산자의 우선순위 처리 방법 등에 대해 논의한다.</td></tr>
</table>

제 8주차

큐 기초

실습 목표

- 큐의 개념을 이해하고 이를 구현하기 위한 배열 및 연결리스트의 자료 구조를 학습한다.
- 큐의 가장 기본적인 연산인 삽입(enqueue)과 삭제(dequeue) 함수를 구현하여 실습을 통하여 동작원리를 학습한다.
- 큐를 사용하여 응용문제의 해결 능력을 배양한다.

기초 지식

큐는 스택과 달리 FIFO(First-In-First-Out) 구조를 갖는다. 즉, 은행 창구의 서비스와 같이 먼저 도착한 손님을 먼저 서비스하는 특징을 갖는 자료 구조이다. 큐의 구현은 제 7주차에서 학습한 스택과 유사하나 스택과 달리 자료의 삽입과 삭제가 다른 위치에서 일어난다. 삽입이 이루어지는 포인터를 rear라 하고 삭제가 이루어지는 포인터를 front라 한다. 큐는 배열과 연결리스트를 사용하여 구현할 수 있으며 다음에서 각각에 대해 설명한다.

❶ 배열 기반 큐 구현

배열로 구현한 큐 구조는 <그림 8-1>과 같이 front와 rear의 포인터를 0으로 한다. 배열 큐의 효율적인 관리를 위해 원형 큐를 사용한다. 배열의 전체 크기를

Max_Q_Size라 하며 front와 rear 포인터는 다음과 같은 식으로 계산될 수 있다.

표 8-1 원형 큐 구조의 front와 rear

```
front = (front + 1) % Max_Q_Size
rear = (rear + 1) % Max_Q_Size
```

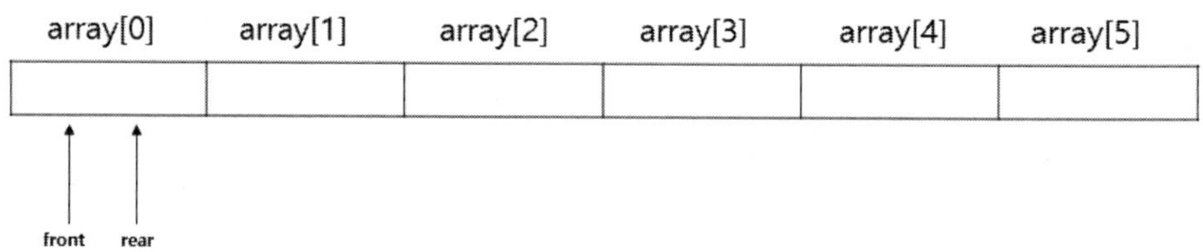

▌그림 8-1▐ 배열기반의 큐 초기 상태

큐에서 데이터의 삽입은 enqueue 함수를 사용하며 <그림 8-2>에서와 같이 rear 포인터를 사용한다. 즉 데이터가 큐에 삽입될 때 마다 rear 포인터가 증가한다. 반대로 큐에서 데이터의 삭제는 dequeue 함수를 사용하며 <그림 8-3>과 같이 front 포인터를 사용한다.

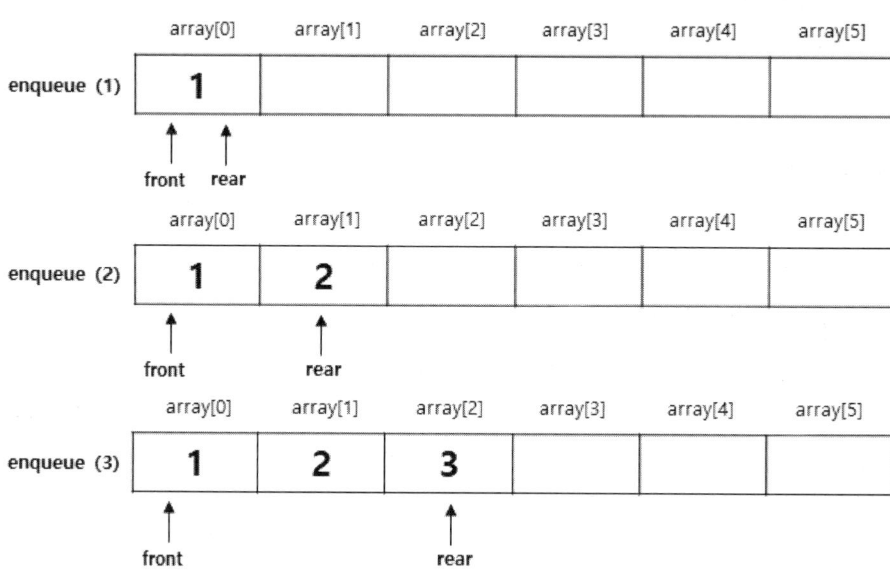

▌그림 8-2▐ rear 포인터를 사용한 데이터 삽입의 예

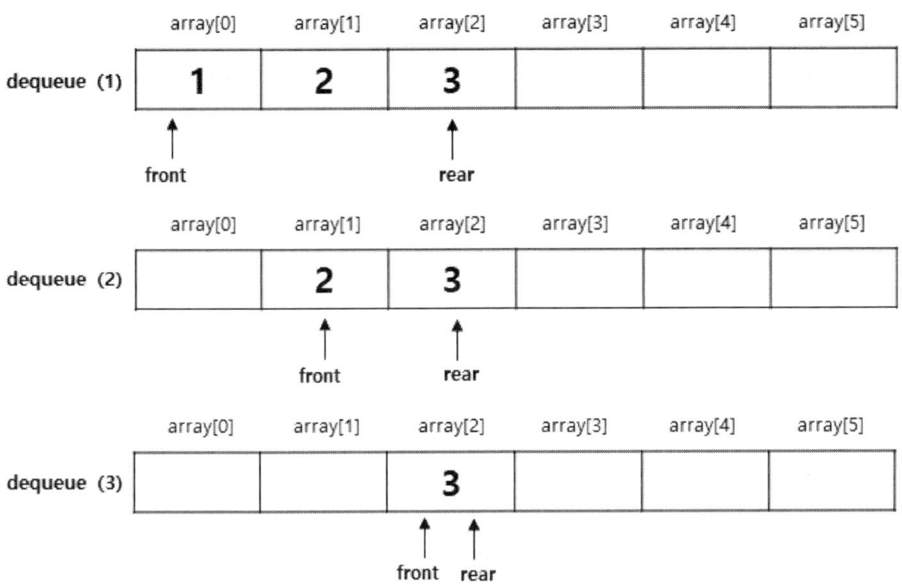

▌그림 8-3▐ front 포인터를 사용한 데이터 삭제의 예

❷ 연결리스트 기반의 큐 구현

배열을 사용하여 큐를 구현한 경우 전체 크기가 먼저 정해져야 하지만 연결리스트 기반의 큐는 필요에 따라 동적으로 크기를 조정할 수 있다. 연결리스트 기반의 큐에서도 배열 큐와 마찬가지로 front와 rear 포인터를 사용하여 삽입(enqueue)과 삭제(dequeue) 연산을 수행한다. <그림 8-4>와 같이 초기에 front와 rear 포인터는 NULL로 설정된다. 연결리스트 기반의 큐는 일반적인 연결리스트와 같이 노드들로 연결되며, 데이터 삽입과 삭제를 위해 front와 rear 포인터를 갖는다는 점에서 차이가 있다.

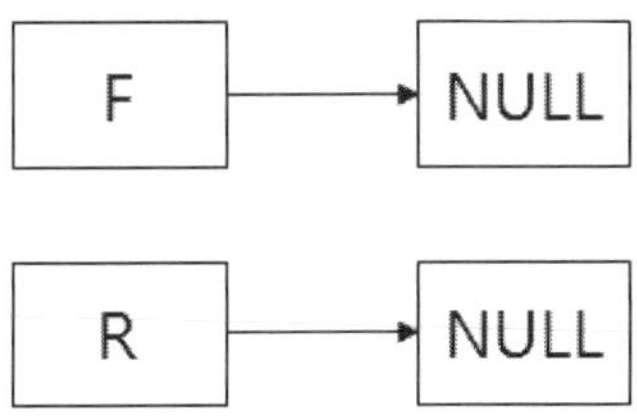

▌그림 8-4▐ 연결리스트 기반의 큐의 초기상태

<그림 8-5>는 큐에서 데이터의 삽입과 삭제의 예를 보여준다. 첫 번째 그림은 연결리스트 큐에 데이터를 삽입하는 예를 보여준다. 삽입을 위한 새로운 노드가 현재

rear 노드에 연결되고 삽입된 노드가 새로운 rear가 된다. 두 번째 그림은 front에서 삭제의 예를 보여준다. 현재 front가 가리키는 노드가 삭제되고 다음 노드가 새로운 front가 된다.

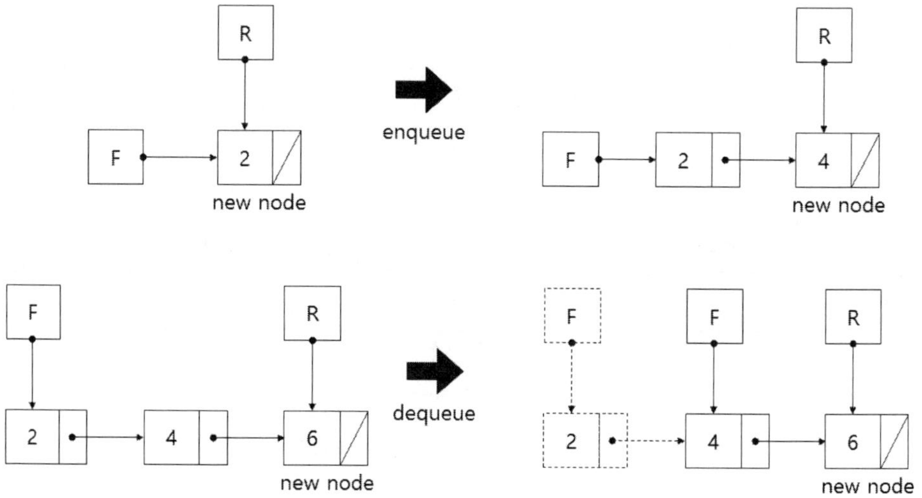

▌그림 8-5▌ 큐에서 데이터 삽입과 삭제의 예

실습 문제 및 내용 : 배열 기반의 큐 구현

◖ 실습 문제 ◗

배열을 사용하여 큐의 기본적 연산인 삽입과 삭제 함수를 구현하여 실습한다.

◖ 실습 내용 ◗

배열 기반의 큐를 구현하기 위해 다음과 같은 절차를 따라 프로그램을 작성하고 실습을 진행한다.

❶ 배열 기반의 원형 큐를 구현하기 위해 다음과 같은 자료 구조를 사용한다. 다음에 정의된 변수를 전역변수로 사용한다.

```
#define Max_Q_Size 20
int queue[Max_Q_Size];
int front, rear;
front=rear=0;
```

❷ ❶에서 정의한 자료 구조를 사용하여 다음과 같은 큐의 기본연산 함수를 구현한다.

❐ 큐가 비어있는지를 확인하는 함수의 구현

```
int q_empty()
{
  큐가 비워있다면 0, 그렇지 않으면 0이 아닌 값을 반환
  ....................
}
```

❐ 큐가 포화 상태인지를 확인하는 함수의 구현

```
int q_full()
{
  큐가 포화 상태이면 0, 그렇지 않으면 0이 아닌 값을 반환
  ....................
}
```

❐ 큐에 데이터를 삽입하는 함수의 구현

```
void q_enqueue(int item)
{
  .............................
}
```

❐ 큐에서 데이터를 삭제하는 함수의 구현

```
int q_dequeue()
{
  큐에서 삭제된 값을 반환
  ..............................
}
```

❸ ❷에서 구현한 함수를 시험하기 위한 메인 함수를 작성한 후에 다음과 같이 실행하여 그 결과를 확인한다.

실행 예	실행 결과		
	fron 값	rear 값	삽입/삭제 값
q_enqueue(10)			
q_enqueue(20)			
q_enqueue(30)			
q_enqueue(40)			
q_enqueue(50)			
q_dequeue()			
q_dequeue()			
q_dequeue()			
q_enqueue(50)			
q_enqueue(50)			
q_dequeue()			

❹ 배열 원형 큐의 최대 크기(Max_Q_Size)를 20으로 설정한다. 큐의 최대 크기인 20이 넘도록 삽입 및 삭제 연산을 반복하여 front와 rear 포인터의 변화를 관찰하여 그 결과를 논의한다.

실습 문제 및 내용 : 연결리스트 기반 큐의 구현

◖ 실습 문제 ◗

연결리스트를 사용하여 큐의 기본 연산을 구현하고 실습을 통하여 그 결과를 확인한다.

◖ 실습 내용 ◗

다음과 같은 절차를 따라 실습을 진행한다.

❶ 연결리스트 기반의 원형 큐를 구현하기 위해 다음과 같은 자료 구조를 사용한다. 다음에 정의된 변수를 전역변수로 사용한다.

```
typedef struct node
{
  int data;
  struct node *link;
} q_node;
q_node *front, *rear;
front = rear = NULL;
```

❷ ❶에서 정의한 자료 구조를 사용하여 다음과 같은 큐의 기본연산 함수를 구현한다.

❒ 큐가 비어있는지를 확인하는 함수의 구현

```
int q_empty()
{
  큐가 비워있다면 0, 그렇지 않으면 0이 아닌 값을 반환
  ...................
}
```

❒ 큐에 데이터를 삽입하는 함수의 구현

```
void q_enqueue(int item)
{
  ..............................
}
```

❐ 큐에서 데이터를 삭제하는 함수의 구현

```
int q_dequeue()
{
  큐에서 삭제된 값을 반환
  ..............................
}
```

❸ ❷에서 구현한 함수를 시험하기 위한 메인 함수를 작성한 후에 다음 표와 같이 실행하여 그 결과를 확인한다.

실행 예	실행 결과	
	연결리스트 큐의 상태(그림으로)	삽입/삭제 값
q_enqueue(10)		
q_enqueue(20)		
q_enqueue(30)		
q_enqueue(40)		
q_enqueue(50)		
q_dequeue()		
q_dequeue()		
q_dequeue()		
q_enqueue(50)		
q_enqueue(50)		
q_dequeue()		

실습 보고서 작성

다음 양식에 따라 실습 결과 보고서를 작성한다.

[제 8주차] 실습 결과 보고서			
학번		이름	
배열을 사용한 원형 큐의 구현	배열을 사용한 원형 큐의 기본 함수들을 구현하고 실습 결과를 기술한다.		
연결리스트를 사용한 큐의 구현	연결리스트를 사용한 큐의 기본 함수들을 구현하고 실습 결과를 기술한다.		
배열 큐와 연결리스트 큐의 장·단점	실습을 통하여 배열 큐와 연결리스트 큐의 장·단점을 확인하여 기술한다.		
실습 결과 논의	실습 결과를 중심으로 느낀점을 기술한다.		

제 9주차

큐 응용

실습 목표

- 일상생활에서 큐를 응용하여 해결할 수 있는 다양한 예가 있으며 그 중 하나의 예를 사용하여 실질적인 학습을 진행한다.
- 응용 문제 해결을 위해 연결리스트 기반의 큐를 사용하고 추가적인 확대를 통하여 새로운 응용 방법을 생각해본다.
- 스택 응용 문제를 실험적으로 해결하고 그 결과를 확인하여 현장 적응력을 배양한다.

기초 지식

제 8주차의 실습에서 큐의 개념 및 기본적인 큐 연산을 학습하였으며, 실습을 통해 큐를 구현하기 위한 자료 구조 및 알고리즘이 어떤 것인지 파악하였다. 일상생활에서 큐는 다양한 영역의 응용문제를 해결하기 위해 사용된다. 제 9주차에서는 큐의 여러 응용문제 중에서 하나를 선정하고 연결리스트 기반의 큐를 사용하여 문제를 해결하는 실습을 진행한다. 또한 실습을 통하여 직접 결과를 확인하고 검증하여 큐를 이용한 응용 능력을 확대한다.

❶ 회문 판정 문제의 구현

회문(Palindrome)이란 racecar, level, radar 등의 단어와 같이 앞쪽과 뒤쪽 방향에서 동일하게 읽을 수 있는 단어들을 의미한다. 회문 판정 문제는 어떤 단어 또는 문장이 주어질 경우 이것이 회문 인지 아닌지를 판정하는 문제를 의미한다. 회문 판정을 위한 여러 알고리즘들이 존재하지만 제 9주차 실습에서는 큐와 스택을 동시에 활용하여 문제를 해결하는 방법을 알아본다. 스택은 LIFO(Last-In-First-Out) 특성을 가지며 큐는 FIFO(First-In-First-Out) 특성을 갖기 때문에 이 두 자료 구조를 활용하면 쉽게 회문 판정 문제를 해결할 수 있다.

회문 판정의 예로서 “1+1+1+1”을 고려해 본다. 이 문자열을 스택과 큐에 순서적으로 동시에 저장한다. <그림 9-1>에서 왼쪽 그림은 이 문자열을 큐로 구성한 예를 보이며, 오른쪽 그림은 스택으로 구성한 예를 보여준다. 큐의 front는 이 문자열의 첫 문자를 가리키고 스택의 top은 마지막 문자를 가리킨다. 이 문자열이 회문 인지의 비교를 위해 스택과 큐에서 동시에 삭제 연산을 수행하여 두 문자가 같은가를 비교한다. 예로서 첫 번째 시행에서 큐의 front의 문자는 ‘1’이고 스택의 top의 문자는 ‘1’이기 때문에 다음 단계를 진행한다. 만일 두 문자가 서로 다르다면 회문이 아니기 때문에 더 이상 다음 단계를 진행할 필요가 없다. 이와 같은 방법으로 큐와 스택이 비어있는 상태까지 반복이 완료되면 주어진 문자열을 회문으로 판정한다.

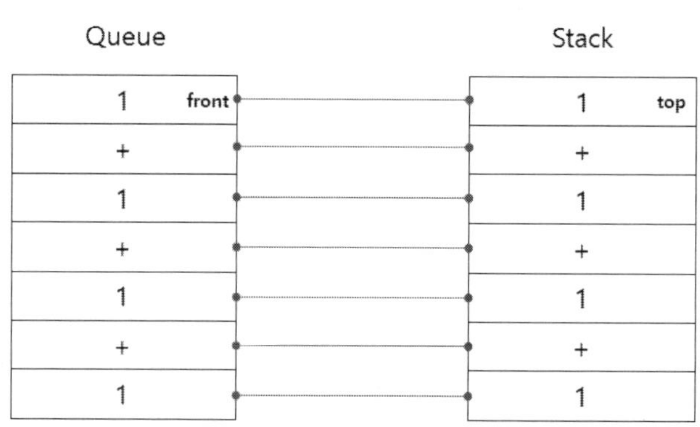

▌그림 9-1▌ 스택과 큐를 이용한 회문 판정의 과정

❷ 카드 전송 프로그램 구현

큐의 두 번째 응용으로 카드 전송 프로그램을 고려한다. 다음과 같은 시나리오에 따라 카드를 받아서 전송하는 문제를 생각해 본다.

A. A는 카드가 입력될 때 마다 그 카드 번호를 큐에 삽입(enqueue)한다. 마지막으로 입력된 카드 번호를 확인하고 그 수의 1/2에 해당 하는 개수를 큐에서 삭제(dequeue)하여 B에게 전송한다.

B. B는 A에게 전송받은 카드 번호를 스택에 저장(push)하고 더 이상 전송 받을 카드가 없을 경우 스택에 저장된 카드 번호를 출력(pop) 한다. 그러면 A에게 전송받은 카드 번호가 역순으로 출력된다.

<그림 9-2>는 앞에서 기술한 시나리오의 예를 보여준다. <그림 9-2>에서 왼쪽의 그림(A에 해당)은 입력된 카드들을 순서적으로 큐에 삽입(enqueue)하는 과정을 보여준다. 만일 큐에 마지막으로 삽입된 카드의 번호가 8이라면 큐에서 4(8/2)개 수를 삭제(dequeue)하고 순서적으로 B에 전송한다. 전송되는 네 개의 수는 9, 8, 7, 6이 된다. 오른쪽 그림(B에 해당)은 전송 받은 카드의 번호를 스택에 저장하고, 전송 완료 후에 스택에 저장된 카드 번호를 출력하는 예를 보여준다. 출력 결과는 전송 받은 카드 번호의 역순에 해당되는 6, 7, 8, 9가 된다.

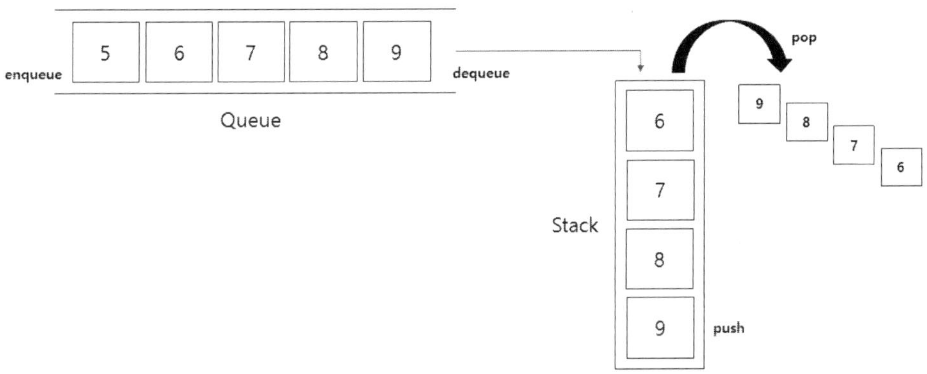

▌그림 9-2▐ 카드 전송을 위한 스택과 큐의 활용

실습 문제 및 내용

◖ 실습 문제 ◗

기초 지식에서 다루었던 회문 판정 문제와 카드 전송 문제에 대한 가상 코드 알고리즘을 참고하여 프로그램을 구현한다. 또한 두 문제에 대한 실습을 통하여 큐의 응용 방법을 이해한다.

◖ 실습 내용 ◗

두 문제를 해결하기 위해 연결리스트 기반의 스택과 큐를 사용하여 다음의 절차를 따라 실습을 진행한다.

회문 판정 문제의 구현

❶ 기초 지식에서 설명한 회문 판정 문제의 알고리즘을 다음과 같은 가상 코드로 기술한다.

```
Algorithm Palindrome(word)
Input : 회문 검사를 할 문자열(word)
Output : 회문 여부(True/False)
 a. 스택과 큐를 생성한다.
 b. 주어진 문자열을 한 단어씩 구분하여 순서적으로 연결리스트 스택과 큐를 구
    성한다.
    for i <- 1 to word.length do
      Read character into C
      Queue_enqueue(C)
      Stack_push(C)
 c. Matched <- TRUE
 d. 스택과 큐에서 삭제 연산을 반복하여 삭제된 문자가 같은가를 비교한다.
    while (스택과 큐가 비어 있지 않음 && Matched) do
      if Queue_dequeue() != Stack_pop() then
        Matched <- FALSE
 e. return Matched
```

❷ ❶에서 기술된 가상 코드를 프로그램으로 구현한다. 최소한 5회 이상 회문인 문자열과 회문이 아닌 문자열을 입력하여 프로그램 실행 결과를 확인한다.

카드 전송 문제의 구현

❶ 기초 지식에서 설명한 카드 전송 문제의 알고리즘을 다음과 같은 가상 코드로 기술한다.

```
Algorithm Card_Trasmission(Card)
Input : 카드 배열(Card)
Output : 전송 받은 카드의 역순 출력
 a. 스택과 큐를 생성한다.
 b. 주어진 배열에서 카드 번호를 가져와서 순서적으로 연결리스트 큐를 구성
    한다.
    for i <- 1 to Card.length do
      Read the number of input card into C
      Queue_enqueue(C)
 c. No = (큐에 마지막 삽입된 카드의 번호) / 2
 d. No개의 카드를 큐에서 삭제하여 스택에 저장한다.
    for i <- 1 to No do
      Queue_dequeue(C)
      Stack_push(C)
 e. No개의 카드를 스택에서 삭제하여 출력한다.
    for i <- 1 to No do
      Print Stack_pop()
```

❷ ❶에서 기술된 가상 코드를 프로그램으로 구현한다. 큐에 저장되는 카드 번호는 난수를 발생하거나 직접 예제를 만들어 사용할 수 있다. 카드 개수의 크기를 달리하여 최소한 5회 이상 프로그램을 실행하여 그 결과를 확인한다.

실습 보고서 작성

다음 양식에 따라 실습 결과 보고서를 작성한다.

[제 9주차] 실습 결과 보고서			
학번		이름	
회문판정과 카드 전송 문제 분석	기초 지식을 참조하여 두 개의 문제를 분석하여 그 결과를 기술한다. 가급적이면 예제를 그림으로 도식하여 작성한다.		
회문판정 프로그램 구현 및 실행결과 분석	가상 코드로 기술된 알고리즘을 구현한다. 최소 5회 이상 다른 예를 사용하여 실행결과를 기술한다.		
카드전송 프로그램 구현 및 실행결과 분석	가상 코드로 기술된 알고리즘을 구현한다. 최소 5회 이상 다른 예를 사용하여 실행결과를 기술한다.		
실습 결과 논의	실습 결과를 중심으로 느낀점을 기술한다.		

제 10주차

트리 기초

실습 목표

- 트리는 계층적 관계를 표현하는데 사용되는 비선형 자료 구조로 주어진 문제를 트리를 활용하여 해결하는 방법을 학습한다.
- 트리의 기본적인 용어를 이해하고 이진 트리에서 가장 기본적인 연산인 순회(전위, 중위, 후위) 방법을 학습한다.
- 이진 트리의 기본적인 순회 방법을 활용하여 응용 문제를 해결하는 능력을 배양한다.

기초 지식

트리 구조는 현실에서 접할 수 있는 자료 구조로 운영체제의 디렉터리 구조나 어떤 기관의 조직도를 대표적인 예로 들 수 있다. 스택이나 큐는 선형적인 특성을 갖기 때문에 단 방향으로 연결되는 특징이 있지만, 트리의 경우에는 가지를 늘려가며 여러 방향으로 노드를 연결해 확대해 나가는 특징이 있다. 일반적인 트리에서 하나의 노드는 여러 개의 자식 노드들을 가질 수 있지만 구현하는데 문제점이 있기 때문에 주로 두 개의 자식 노드로 한정된 이진 트리를 사용한다. 먼저 이진 트리에 관한 기본적인 개요를 설명하고 이를 기반으로 전위, 중위, 후위 등과 같은 순회 연산을 구현하여 실습을 한다.

❶ 기본 용어

<그림 10-1>은 트리 구조의 예를 보여주며, <표 10-1>은 트리에 관련된 기본 용어를 보여준다.

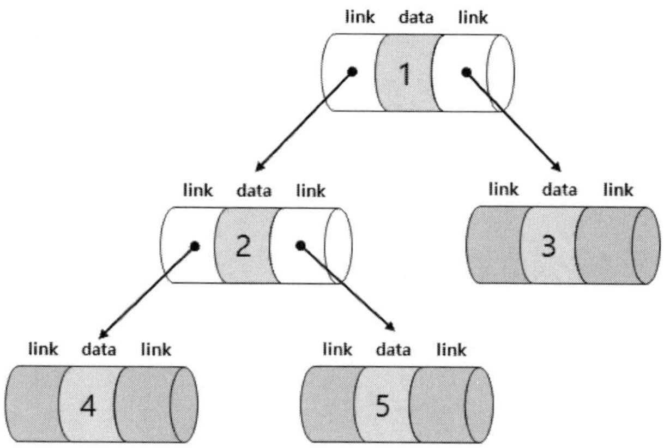

▌그림 10-1▐ 기본 트리 구조

표 10-1 트리 구조의 기본 용어

노드 : node	기본 트리 구조에서 존재하는 모든 노드
간선 : edge	노드와 노드를 연결하는 선
루트 노드 : root node	기본 트리 구조에서 최상위 노드
단말 노드 : terminal node	자식 노드가 존재하지 않는 노드
내부 노드 : internal node	자식 노드가 존재하는 노드

여기서 단말 노드는 잎사귀 노드(leaf node) 라고도 하며, 내부 노드는 비단말 노드(nonterminal node)로 표현한다. 트리 구조에서는 노드간의 부모와 자식 그리고 형제 관계가 성립되며 높은 레벨에 있는 노드를 부모 노드(parent node)라고 한다. <그림 10-1>의 이진 트리 예에서 1번 노드는 부모 노드, 2번과 3번 노드는 1번 노드의 자식 노드이다. 그리고 2번 노드의 경우 4번, 5번 노드와 연결되어 있으며 부모와 자식관계의 노드라고 할 수 있다. 4번, 5번 노드는 2번 노드의 자식 노드이면서 단말 노드가 된다.

❷ 이진 트리

이진 트리는 루트 노드를 중심으로 두 개의 서브 트리로 구성된다. <그림 10-2>에서 루트 노드 A를 중심으로 왼쪽 서브 트리와 오른쪽 서브 트리가 존재한다. 이렇게 큰 트리에 속하는 작은 트리를 가리켜 서브 트리라고 한다.

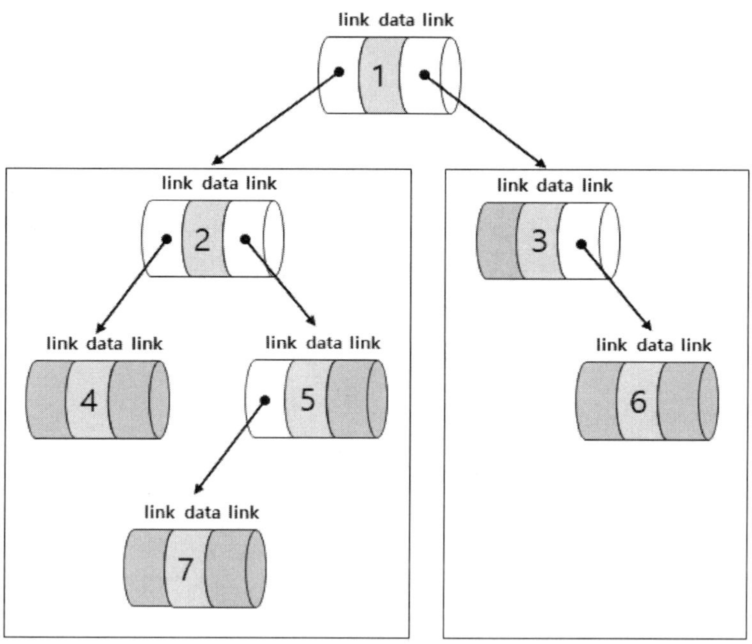

▌그림 10-2▐ 이진 트리와 서브 트리의 구조

이진 트리가 되기 위한 조건은 루트 노드를 중심으로 둘로 나뉘는 두 개의 서브 트리 또한 이진 트리가 되어야 한다. <그림 10-3>은 트리 또한 이진 트리로 볼 수 있는데 노드가 위치해야 될 곳에 노드가 존재하지 않는다면 공집합 노드로 간주한다.

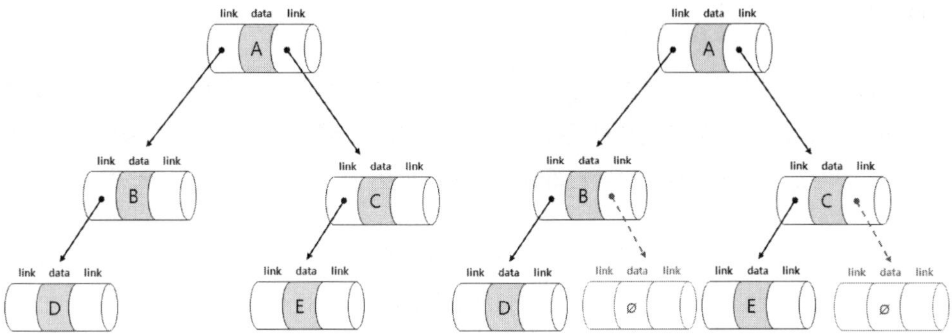

▌그림 10-3▌ 다른 형태의 이진 트리 구조

이진 트리를 다루기 위한 용어로 레벨과 높이가 있으며 이진 트리의 각 층별로 숫자를 매겨서 이 숫자를 레벨이라 하고, 트리의 최고 레벨을 가리켜 높이라고 부른다.

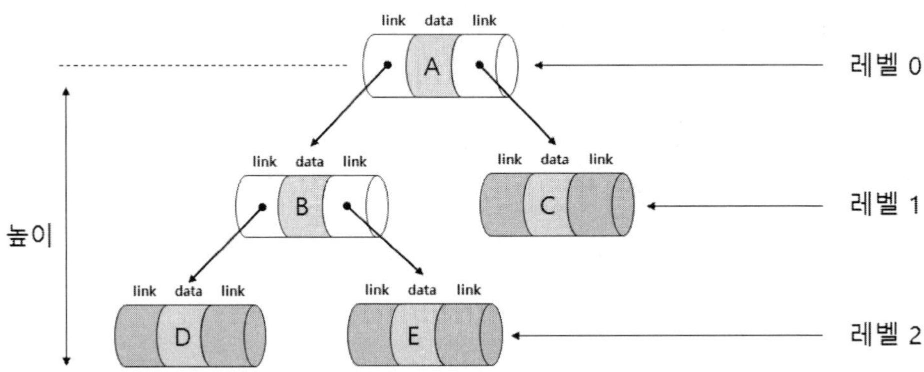

▌그림 10-4▌ 이진 트리의 레벨과 높이

<그림 10-4>에서 보이듯이 레벨이 0에서부터 시작하는 관계로 최고의 레벨과 높이가 일치하기 때문에 최고의 레벨을 높이라고 한다. 이진 트리에는 특별하게 포화 이진트리나 완전 이진 트리가 있다. 포화 이진 트리는 각 레벨의 노드가 가득 찬 상태라고 할 수 있고 완전 이진 트리는 단말 노드를 제외한 나머지 노드가 두 개의 자식을 가진 트리이다. 단, 마지막 레벨에서 노드는 왼쪽부터 순서적으로 채워져야 한다.

❸ 이진 트리의 순회 및 자료 구조 표현

이진 트리에서 가장 기본적인 연산은 순회 알고리즘이다. 이진 트리의 순회 알고리즘은 전위, 중위, 후위 순회 알고리즘이 있다. <그림 10-4>의 이진 트리를 세 가지 방법으로 순회한 결과는 다음과 같다.

- 전위 : A, B, D, E, C, F
- 중위 : D, B, E, A, C, F
- 후위 : D, E, B, F, C, A

이진 트리의 노드는 다음과 같은 자료 구조의 형태로 정의할 수 있다. 이진 트리에서 노드 구조는 응용에 따라 다르게 정의될 수 있다.

```
typedef int element;
typedef struct TreeNode
{
  struct TreeNode *left;
  element data;
  struct TreeNode *right;
} BTreeNode;
```

앞에서 정의된 이진 트리의 노드 구조를 사용하여 전위, 중위, 후위 함수는 다음과 같이 구현될 수 있다.

❒ 전위 순회

```
void PreorderTraverse(BTreeNode *bt)
{
  if(bt == NULL)
  {
    return;
  }
  printf("%d \n", bt->data);
  PreorderTraverse(bt->left);
  PreorderTraverse(bt->right);
}
```

❒ 중위 순회

```
void InorderTraverse(BTreeNode *bt)
{
  if(bt == NULL)
  {
    return;
  }
  InorderTraverse(bt->left);
  printf("%d \n", bt->data);
  InorderTraverse(bt->left);
}
```

❒ 후위 순회

```
void PostorderTraverse(BTreeNode *bt)
{
  if(bt == NULL)
  {
    return;
  }
  PostorderTraverse(bt->left);
  PostorderTraverse(bt->right);
  printf("%d \n", bt->data);
 }
```

실습 문제 및 내용

◖ 실습 문제 ◗

연결리스트 기반의 이진 트리를 생성하고 이 트리를 기반으로 전위, 중위, 후위 함수를 구현한다.

◖ 실습 내용 ◗

다음과 같은 절차에 따라 연결리스트 기반의 이진 트리 기본 함수를 구현하고 실습을 진행한다.

❶ 임의의 이진 트리를 생성하여 루트 노드의 포인터를 반환하는 함수를 작성한다. 이진 트리의 노드 구조는 위에서 기술한 BTreeNode 구조를 사용한다.

```
BTreeNode *Make_Btree()
{
  ........................
}
```

❷ ❶에서 생성한 이진 트리를 사용하여 전위, 중위, 후위 순회를 위한 함수를 구현한다. 각 순회에 대한 함수는 기초 지식에서 기술한 내용을 사용한다.

❒ 전위 순회

```
void PreorderTraverse(BTreeNode *bt)
{
  ......................
}
```

❒ 중위 순회

```
void InorderTraverse(BTreeNode *bt)
{
  .......................
}
```

❐ 후위 순회

```
void PostorderTraverse(BTreeNode *bt)
{
........................
}
```

❸ 단계 ❶과 ❷에서 구현한 함수를 시험하기 위한 메인 함수를 작성하고 실습을 통하여 그 결과가 정상적으로 도출되는지를 확인한다.

실습 응용

◀ 응용 문제 ▶

<그림 10-5>와 같이 수식을 이진 트리를 사용하여 계산하는 응용 문제를 고려한다. <그림 10-5>는 "3 * 2 + 6 - 2"에 대한 수식을 이진 트리로 표현한 예이다. 그림의 진행은 곱셈 연산이 수행되어 "+" 노드의 오른쪽 자식 노드로 대체되는 과정을 보여준다. 이 문제를 해결하는 프로그램을 구현하고 실습을 통하여 그 결과를 확인한다.

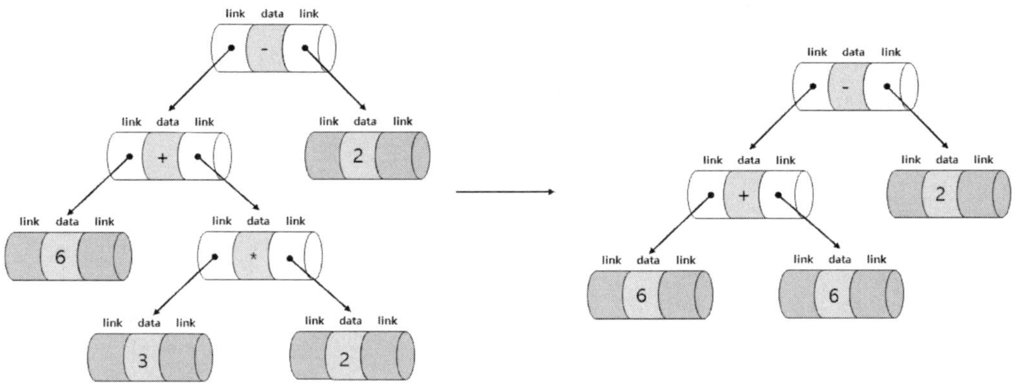

▌그림 10-5▐ 수식 트리의 곱셈과정

◀ 실습 내용 ▶

이 문제를 해결하기 위해 아래와 같은 절차에 따라 프로그램을 구현하고 실습을 진행한다.

❶ 전 단계에서 실습한 Make_Btree() 함수를 수정하여 <그림 10-5>의 수식 트리를 생성한다.

❷ 수식 트리를 입력 받아 수식을 계산하는 함수를 작성한다. 이 문제를 해결하기 위해 전위, 중위, 후위 순회 중에서 어느 방법이 타당한가를 먼저 결정한다. 이후 해당 순회 함수를 수식 계산이 가능하도록 수정한다.

```
int Compute_Expression(BTreeNode *bt)
{
  ......................
}
```

❸ 단계 ❶과 ❷에서 구현한 함수를 시험하기 위한 메인 함수를 작성하고 실습을 통하여 그 결과가 정상적으로 도출되는지를 확인한다.

실습 보고서 작성

다음 양식에 따라 실습 결과 보고서를 작성한다.

[제 10주차] 실습 결과 보고서			
학번		이름	
연결리스트 기반의 이진 트리의 생성	연결리스트 기반의 이진 트리를 생성하는 함수를 구현한다. 함수에 사용된 이진 트리를 그림으로 표현한다.		
연결리스트 기반의 이진 트리의 순회	연결리스트 기반의 이진 트리의 순회 방법을 설명하고 실습 결과를 기술한다.		
수식 트리의 계산	수식 트리를 생성하고 계산하는 함수를 구현하고 실습 결과를 기술한다.		
실습 결과 논의	실습 결과를 중심으로 느낀점을 기술한다.		

제 11주차

트리 응용

실습 목표

- 탐색에 대한 효율적인 자료 구조를 알아보기 위해 이진 탐색 트리에 대한 개념 및 구현방법을 학습한다.
- 이진 탐색 트리에서 주어진 데이터를 빠르게 검색하기 위한 규칙을 알아본다.
- 실습을 통하여 이진 탐색 트리를 학습하고 그 응용 영역을 생각해 본다.

기초 지식

이진 탐색 트리는 이진 트리에 포함되는 자료 구조이지만 각 노드의 데이터가 일정한 특징을 가지고 표현된다. 일반적인 이진 트리에서 각 노드의 값이 특정한 규칙을 갖지 않고 표현되지만, 이진 탐색 트리에서 각 노드 값은 왼쪽 서브 트리의 값들보다 크고 오른쪽 서브 트리의 값들보다 적다는 특징을 갖는다. 이진 탐색 트리의 이러한 특징 때문에 순차 검색에 비하여 데이터 검색을 빠르게 수행할 수 있다. 제 11주차에서는 이진 탐색 트리의 기초 지식을 이해하고 이진 탐색 트리를 생성하고 주어진 데이터를 검색하는 프로그램을 구현하고 실습을 통하여 그 결과를 확인해 본다. 또한 이진 탐색 트리에서 새로운 값의 삽입과 관리 방법에 대해서 논의해 보도록 한다.

❶ 기초 지식

일반적인 이진 트리에 비해 이진 탐색 트리는 다음과 같은 특징을 갖는다. 여기서 키(key)는 유일하게 식별될 수 있는 자료를 의미한다.

· 각 노드에 저장된 키 값은 유일함
· 각 노드의 키 값은 왼쪽 서브 트리의 키 값들 보다 커야함
· 각 노드의 키 값은 오른쪽 서브 트리의 키 값들 보다 작아야 함
· 모든 노드에서 위의 성질이 만족해야 함

<그림 11-1>을 보면 루트 노드의 키 값을 기준으로 오른쪽 서브 트리와 왼쪽 서브 트리로 나뉘어져 있다. 루트 노드의 키 값은 왼쪽 서브 트리에 포함된 노드들의 키 값들 보다 크고, 반대로 오른쪽 서브 트리에 포함된 노드들의 키 값들 보다 작다는 것을 알 수가 있다. 간단히 표현해서 왼쪽 서브 트리를 LST, 부모는 R, 오른쪽 서브 트리를 RST라고 할 때 LST < R < RST 형태로 표현할 수 있다.

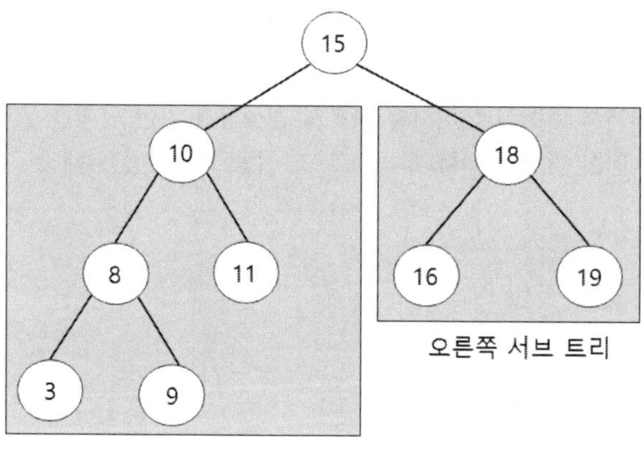

▌그림 11-1▐ 이진 탐색 트리의 구성 형태

<그림 11-1>을 참조하여 이진 탐색 트리에서 주어진 키 값을 탐색하는 과정을 알아본다. 찾고자 하는 키 값이 9라고 가정하면 먼저 루트 노드의 키 값 15와 비교한다. 9는 15보다 작기 때문에 왼쪽 서브 트리로 내려간다. 9는 10보다 작기 때문에 다시 왼쪽 서브 트리의 8과 비교한다. 9는 8보다 크기 때문에 오른쪽 서브 트리로 내려가서 비교를 한다. 이러한 과정을 거치면 주어진 키 값 9는 4회 비교 만에 찾을 수 있다. 이진 탐색 트리에 새로운 노드를 삽입할 경우도 유사한 방법을 사용하면 된다. 먼저 삽입하고자 하는 키 값을 이진 탐색 트리에서 탐색한다. 삽입할 키

값이 존재할 경우 키 값이 중복되기 때문에 삽입을 중지하고, 그렇지 않을 경우 탐색이 실패한 마지막 노드의 키 값보다 작을 경우 왼쪽 자식으로 클 경우 오른쪽 자식으로 삽입하면 된다. 일반적으로 n개의 키 값이 주어질 경우 이진 탐색 트리가 완전이진 트리 형태로 만들어지면 주어진 키 값은 $O(\log^n)$ 시간 이내에 탐색이 가능하다.

❷ 이진 탐색 트리의 구현

앞서 간단히 언급한 내용을 좀 더 구체화하여 이진 탐색 트리를 생성하는 과정을 알아본다. 이진 탐색 트리에서 새로운 키 값을 삽입할 경우 루트 노드의 키 값부터 비교하여 작을 경우 왼쪽으로 클 경우 오른쪽으로 반복적으로 이동하여 주어진 키 값이 삽입될 위치를 결정한다.

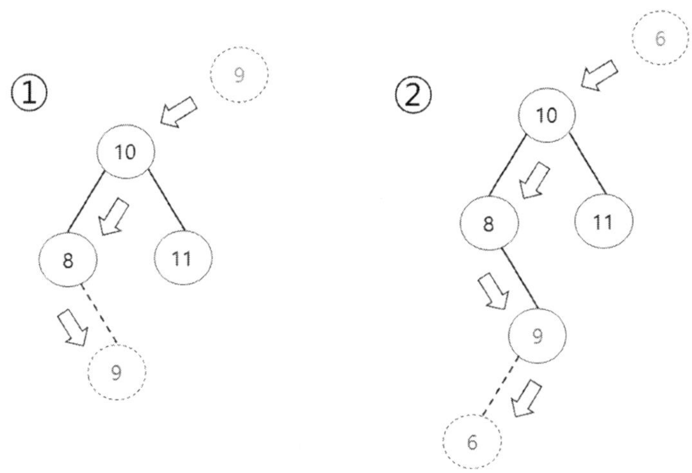

▮그림 11-2▮ 이진 탐색 트리의 삽입과정 I

<그림 11-2>는 새로운 키 값 9와 6을 추가하는 과정을 보여준다. 두 개의 키 값 모두 루트의 키 값 10보다 작기 때문에 왼쪽 서브 트리에 연결된다. 새로 삽입되는 키 값은 탐색이 실패한 마지막 노드보다 작을 경우 왼쪽에 클 경우 오른쪽에 연결되며 항상 리프 노드가 된다. 반대로 루트의 키 값보다 큰 12와 19를 넣는 과정은 <그림 11-3>과 같다. 두 키 값 모두 루트의 키 값보다 크기 때문에 루트의 오른쪽 서브 트리의 리프 노드에 추가된다.

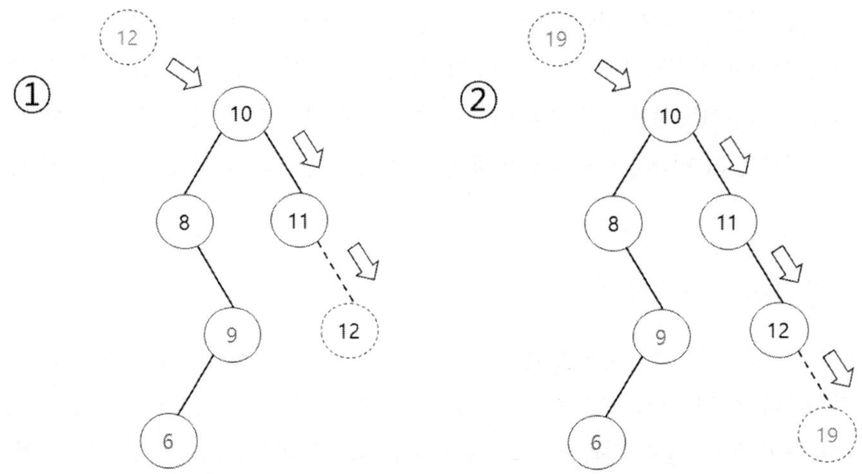

▌그림 11-3▌ 이진 탐색 트리의 삽입과정 II

실습 문제 및 내용

◀ 실습 문제 ▶

기초 지식에서 설명한 내용을 참고하여 이진 탐색 트리를 생성하고 이 트리에서 주어진 키 값을 탐색하는 프로그램을 구현한다. 실습을 통하여 키 값을 달리하여 이진 탐색 트리를 다르게 생성하고 탐색하는 과정을 반복한다.

◀ 실습 내용 ▶

다음과 같은 절차에 따라 실습을 진행한다.

❶ 이진 탐색 트리의 초기화, 삽입, 탐색에 관한 구현 내용과 함수의 프로토 타입이 <표 11-1>에 기술되어 있다. 제 10주차에서 실습한 이진 트리의 헤더 구조를 그대로 사용하여 표에 주어진 함수를 구현한다.

표 11-1 이진 탐색 트리 구현을 위한 함수의 프로토 타입

함수이름	함수의 구현 내용
<이진 탐색 트리의 초기화> 함수 이름 : void BinaryTSNInit 인수 : BinaryTNode **pNode	- 초기 설정을 위해 부모 노드가 되는 pNode 를 pNode = NULL로 초기화한다.
<새로운 키 값의 삽입> 새로운 키 값을 삽입하는 함수를 구현한다. 함수 이름 : void BSTInsert 인수 : BinaryTNode **pNode, int data	- 삽입될 키 값에 따라 위치가 결정되며 비교 키 값보다 작을 경우 왼쪽 서브 트리에 클 경우에는 오른쪽 서브트리에 노드가 위치하게 된다. - 삽입될 키 값은 중복을 허용하지 않는다. 중복될 경우 종료해야 한다. - 키 값의 비교에 따른 위치 값을 pNode = cNode 형태로 넘겨준다. - 새로운 키 값을 갖는 노드를 생성하여 pNode 의 키 값 보다 작을 경우 왼쪽 자식에 클 경우 오른쪽 자식으로 연결한다.
<주어진 키 값의 탐색> 주어진 키 값이 존재하는가를 탐색하여 해당 노드를 반환한다. 함수 이름 : BinaryTNode *Search 인수 : BinaryTNode *btn, int target	- 주어진 키 값과 같은 노드가 발견되면 해당 노드를 반환한다. 발견되지 않으면 NULL 값을 반환한다. - 주어진 키 값이 현재 노드의 키 값보다 작으로 경우 왼쪽 노드로 클 경우 오른쪽 노드로 이동하여 탐색을 반복한다.

❷ 단계 ❶에서 구현한 삽입 함수를 사용하여 다음 표에 예시된 것과 같이 10회 이상 서로 다른 데이터를 사용하여 이진 탐색 트리를 생성한다. 생성된 이진 탐색 트리에서 임의의 키 값을 주어 탐색 여부와 비교 횟수를 실습을 통하여 확인한다.

실행 횟수	입력 값 (BSTInsert)					탐색 여부 (Search)				
1	5	6	7	4	8	탐색 완료	탐색 실패	탐색 실패	탐색 완료	탐색 완료
2										
3										
4										
5										
6										
7										
8										
9										
10										

실습 보고서 작성

다음 양식에 따라 실습 결과 보고서를 작성한다.

[제 11주차] 실습 결과 보고서			
학번		이름	
이진 탐색 트리의 기초 함수 구현	표에서 예시된 이진 탐색 트리의 삽입과 탐색 함수를 구현한다.		
이진 탐색 트리의 생성과 탐색 실습	실습과정 단계 ❷에서 예시한 표에 따라 실습을 반복하여 그 결과를 기술한다.		
이진 탐색 트리의 시간 분석	단계 ❷의 실습 결과를 토대로 이진 탐색 트리의 탐색에 관한 시간 복잡도를 기술한다.		
실습 결과 논의	실습 결과를 중심으로 느낀점을 기술한다.		

제 12주차

정렬

실습 목표

- 정렬은 주어진 데이터를 일정한 규칙에 따라 오름차순 또는 내림차순으로 재배열하는 것을 의미한다.
- 정렬 알고리즘 중에서 먼저 버블 정렬과 삽입 정렬 알고리즘에 대해 실습하고, 평균적으로 가장 빠른 정렬 알고리즘으로 알려진 퀵정렬에 대하여 학습한다.
- 실습을 통하여 각각의 정렬 알고리즘들의 장단점과 수행 시간을 확인하여 향후 응용 문제의 해결을 위한 적응력을 배양한다.

기초 지식

데이터는 향후 여러 목적으로 사용하기 위해 컴퓨터에 저장된다. 특별하게 데이터를 관리하는 방법이 없을 경우 데이터는 입력된 순서에 따라 저장된다. 이러한 데이터들은 필요에 따라 특정 키값에 따라 오름차순 또는 내림차순으로 정렬될 수 있다. 예를 들어 개인 신상에 관련된 데이터들이 저장되어 있을 경우 이름 또는 주민등록번호 등의 순으로 데이터를 정렬하여 편리하게 활용할 수 있다.

정렬에는 내부정렬과 외부정렬이 있으며 내부정렬은 데이터의 크기가 주기억 장소 용량보다 적을 경우 기억 장소를 활용하여 정렬하는 방식으로 버블정렬, 삽입정렬, 선택정렬, 퀵정렬, 쉘정렬, 힙정렬 등이 있다. 그리고 외부정렬은 데이터의 크기가 주기억 장소의 용량보다 클 경우 외부 기억 장치를 사용하여 정렬하는 방법으로 합병 정렬 방법이 있다. 먼저 각 정렬 알고리즘들에 대한 기초적인 개념을 살펴본 후에 실습을 통하여 정렬 알고리즘의 사용법을 학습하도록 한다.

❶ 버블정렬과 삽입정렬

버블정렬은 인접한 데이터를 서로 비교하여 교체를 반복하여 데이터를 거품처럼 정렬하는 방법을 의미한다. 예를 들어 list[] 배열에 데이터가 저장되어 있고 현재 기준 값을 list[i]라 가정하면 list[i]와 list[i + 1]의 값을 비교하여 list[i]의 값이 list[i + 1]의 값보다 크다면 두 값을 서로 교체한다. 이러한 과정을 반복하면 가장 큰 값이 리스트의 맨 마지막에 위치하게 된다. <그림 12-1>은 버블정렬의 예를 보여주며 처음부터 마지막까지 앞과 뒤의 두 값을 반복적으로 비교하여 교체를 완료하면 맨 뒤에 가장 큰 수가 위치하게 된다.

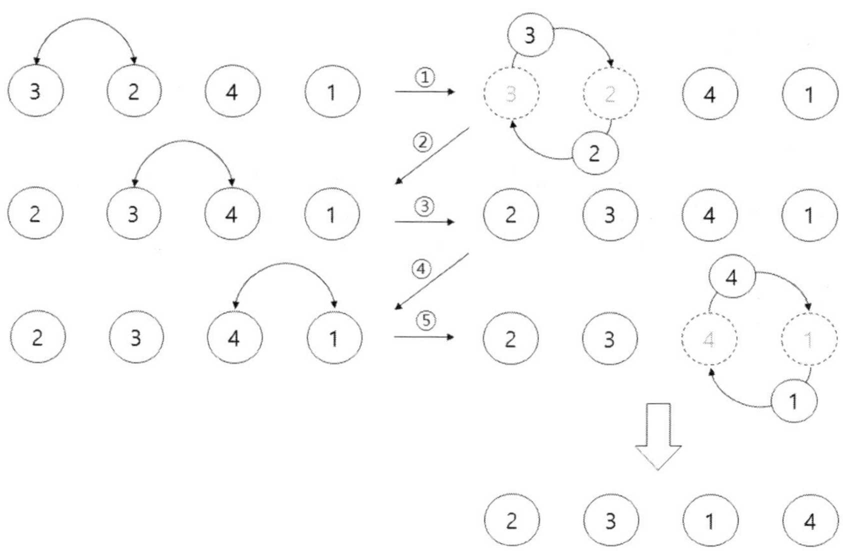

▮그림 12-1▮ 버블정렬의 진행과정

<그림 12-1>은 첫 번째 단계의 예를 보여주며 가장 큰 값이 맨 뒤에 위치하기 때문에 다음 단계에서는 앞쪽 세 개의 리스트에서 같은 절차를 반복한다. 만일 리스트에 포함된 데이터의 수가 n개라 가정하면 첫 번째 단계에서는 n개의 데이터, 두 번째 단계에서는 n-1개의 데이터, 세 번째 단계에서는 n-2개의 데이터를 가지고 같은 절차를 반복하게 된다. 이러한 과정을 한 개의 데이터만을 갖는 마지막까지 반복하면 주어진 리스트가 오름차순으로 정렬된다. 아래의 함수 bubble_sort()는 버블정렬

알고리즘을 구현한 예를 보여준다. 여기서, swap() 함수는 두 값을 서로 교체하는 함수를 의미한다.

```
void bubble_sort(int list[], int n)
{
  int i, j;
  for(i=n-1; i>0; i--) {
    for(j=0; j<i; j++) {
      if(list[j] > list[j+1]){
        swap(list[j], list[j+1]);
      }
    }
  }
}
```

삽입정렬은 이미 상당 부분 정렬된 리스트가 주어질 경우 좋은 성능을 발휘하는 알고리즘이다. 예로서 list[0]에서 list[i]까지 값들이 이미 정렬되어 있다면 list[i + 1]의 값을 list[i], list[i - 1], list[i - 2], ..., list[0] 순으로 비교하여 list[i + 1]의 값보다 list[i]의 값이 클 경우 오른쪽으로 값들을 이동한다. 만일 비교 도중 list[i + 1]의 값보다 더 작은 값이 나올 경우 더 이상 비교하지 않고 멈춘다. <그림 12-2>의 예는 여섯 개의 데이터로 구성된 리스트를 보여준다. 리스트에서 앞쪽 네 개의 자료가 이미 정렬되어 있다고 가정한다. 현재 기준 위치가 3일 경우 3을 이미 정렬된 앞쪽 리스트의 마지막 값인 7부터 비교하여 그 값이 3보다 클 경우 한 칸씩 오른쪽으로 이동한다. 이러한 과정을 반복하다 그림에서 마지막 단계처럼 3보다 작은 값이 나올 경우 비교를 멈춘다. 그러면 숫자 3을 앞쪽의 이미 정렬된 리스트에서 제 자리에 위치할 수 있다.

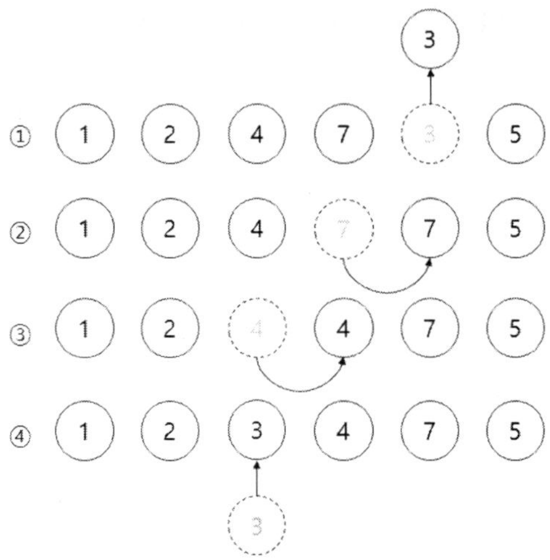

▮그림 12-2▮ 삽입정렬의 예

<그림 12-2>는 list[4]에서 이미 정렬된 리스트 list[0]에서 list[3]까지의 한 단계의 예만을 보여준다. list[] 배열에 n개의 값들이 저장되어 있을 경우 이러한 과정은 list[1]에서 list[n - 1]까지 반복된다. 다음의 함수 insertion_sort() 함수는 삽입정렬 알고리즘을 구현한 예를 보여준다.

```
void insertion_sort(int list[], int n){
  int i, j;
  int next;
  for(i=1; i<n; i++) {
    next = list[i];
    for(j = i - 1; j>=0 && next<list[j]; j--){
      list[j+1] = list[i];
    }
    list[j+1] = next;
  }
}
```

❷ 퀵정렬

앞서 설명한 두 정렬 알고리즘은 n개의 데이터가 주어질 경우 평균적으로 $O(n^2)$의 시간 복잡도를 갖는다. 퀵정렬은 평균적으로 가장 빠른 정렬 알고리즘으로 알려져 있으며 $O(nlogn)$의 시간 복잡도를 갖는다. 퀵정렬은 버블정렬과 삽입정렬보다 수행시간이 빠른 장점이 있다. 퀵정렬은 분할정복 기법을 사용하여 주어진 데이터 리스트를 수행 시마다 반씩 줄여나가는 아이디어를 사용한다. 퀵정렬 알고리즘에 사용되는 주요 변수는 <표 12-1>과 같다.

표 12-1 퀵정렬에 사용되는 주요 변수

용어	설명
left	정렬리스트의 가장 왼쪽 인덱스를 가리키는 변수
right	정렬리스트의 가장 오른쪽 인덱스를 가리키는 변수
pivot	정렬리스트의 분할을 위한 기준 위치를 가리키는 변수
low	리스트의 분할을 위한 비교 변수(왼쪽에서 오른쪽 이동)
high	리스트의 분할을 위한 비교 변수(오른쪽에서 왼쪽 이동)

퀵정렬을 이해하기 위해 <그림 12-3>을 참고한다. 그림에서 left와 right는 정렬할 리스트의 시작과 끝을 가리킨다. 리스트 분할의 중심이 되는 피벗 값은 첫 번째 위치인 5로 설정되었다. 피벗의 위치는 임의로 설정할 수 있으나 첫 번째 위치를 피벗으로 설정하기로 한다. 피벗 값을 기준으로 low 인덱스를 증가하여 왼쪽에서 오른쪽으로 진행하여 큰 값을 찾고, high 인덱스를 감소하여 오른쪽에서 왼쪽으로 진행하여 작은 값을 찾아 서로 교환한다. 그러면 한 과정을 수행한 후에 리스트는 [1, 3, 4, 2] 5 [9, 7, 6, 8]의 두 개의 리스트로 분할된다. 즉, 피벗 값보다 작은 값들은 왼쪽 리스트에 큰 값들은 오른쪽 리스트에 배치된다. 분할된 각 서브 리스트를 같은 절차를 사용하여 반복하면 리스트를 오름차순으로 정렬할 수 있다.

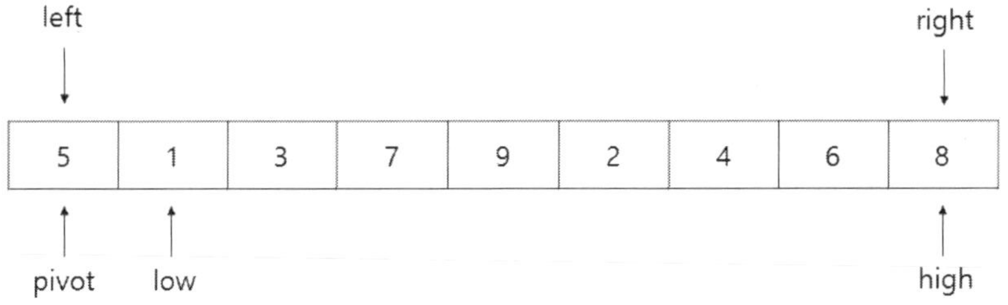

그림 12-3 퀵정렬의 수행과정

실습 문제 및 내용

◖ 실습 문제 ◗

정렬에 대한 기초 지식에서 버블정렬, 삽입정렬, 그리고 퀵정렬 알고리즘에 대한 기본적인 개념을 설명하였다. 이들 알고리즘을 구현하고 여러 형태의 리스트 예를 만들어 실습을 통하여 정렬된 결과를 확인한다.

◖ 실습 내용 ◗

버블정렬, 삽입정렬, 퀵정렬에 대하여 다음과 같은 순서에 따라 실습을 진행한다.

❶ 기초 지식에서 설명한 버블정렬과 삽입정렬 함수를 시험할 수 있는 메인 프로그램을 작성하여 실습을 통하여 그 결과를 확인한다. 또한 각 정렬 알고리즘의 실행 결과를 이해하기 위해 정렬이 되는 과정을 그림으로 표현하도록 한다.

※ rand() 함수를 사용하여 n개의 정수 값을 갖는 정렬 리스트를 생성한다. 정수 값의 범위를 주어 난수를 생성하고자 할 경우 다음과 같은 문장을 사용할 수 있다.

```
rand() % ((마지막 값 - 시작 값) + 1) + 시작 값
```

❷ 다음은 퀵정렬 알고리즘에서 피벗 값을 중심으로 주어진 리스트를 분할하는 Partition 함수를 구현한 예를 보여준다. Partition 함수를 시험할 수 있는 메인 프로그램을 작성하여 실습을 통하여 그 결과를 확인한다. 앞의 예에서와 같이 n개의 난수 값을 생성하여 입력 리스트로 사용한다.

```
void Swap(int arr[], int idx1, int idx2){
  int temp = arr[idx1];
  arr[idx1] = arr[idx2];
  arr[idx2] = temp;
}

int Partition(int arr[], int left, int right){
  int pivot = arr[left];
  int low = left+1;
  int high = right;
```

```
  while(low <= high) {
    while(pivot >= arr[low] && low <= right){
      low++;
    }
    while(pivot <= arr[high] && high >= (left+1)){
      high--;
    }
    if(low <= high){
      Swap(arr, low, high);
    }
  }

  Swap(arr, left, high);
  return high;
}
```

실습 응용

◖ 실습 문제 ◗

앞서 실습한 퀵정렬의 Partition 함수에 대상 피벗이 어떤 값이 선택되었는지를 확인하기 위한 문장을 추가한다. 실습을 통하여 주어진 리스트가 정렬되는 과정에서 몇 개의 피벗이 선택되었는지를 확인하여 본다.

◖ 실습 내용 ◗

다음의 소스 코드의 예와 같이 피벗을 확인하기 위한 문장을 추가하고 앞서 실행했던 방법과 같이 실행하여 그 결과를 확인하여 본다.

```
int Partition(int arr[], int left, int right){
  int pivot = arr[left];
  int low = left+1;
  int high = right;

  printf("피벗: %d \n", pivot);

  while(low <= high) {
    while(pivot >= arr[low] && low <= right){
      low++;
    }
    while(pivot <= arr[high] && high >= (left+1)){
      high--;
    }
    if(low <= high){
      Swap(arr, low, high);
    }
  }

  Swap(arr, left, high);
  return high;
}
```

실습 보고서 작성

다음 양식에 따라 실습 결과 보고서를 작성한다.

[제 12주차] 실습 결과 보고서			
학번		이름	
버블정렬과 삽입정렬구현	버블정렬과 삽입정렬이 진행되는 과정을 그림으로 표현한다.		
퀵정렬 구현	주어진 Partition() 함수를 참조하여 퀵정렬 알고리즘을 구현한다.		
정렬 알고리즘의 시간복잡도 분석	버블정렬, 삽입정렬, 퀵정렬 알고리즘의 장·단점과 시간복잡도를 기술한다.		
실습 결과 논의	실습 결과를 중심으로 느낀점을 기술한다.		

제 13주차

그래프 기초 연습

실습 목표

- 그래프를 표현하기 위한 기본적인 자료 구조를 배운다.
- 그래프 문제를 해결하기 위한 기본적인 연산 구조를 연습한다.
- 주어진 문제를 그래프로 표현하고 이를 해결하기 위한 프로그래밍 작성 능력을 배양한다.

기초 지식

그래프를 표현하기 위한 대표적인 자료 구조는 인접행렬(Adjacency Matrix)과 인접리스트(Adjacency List) 표현 방법이 있다. 두 방법에 대한 자료 구조 표현의 예는 다음과 같으며 실습문제를 통하여 그래프 자료 구조를 연습한다.

❶ 인접행렬 표현

인접행렬 방법은 n개의 정점(Vertex)을 갖는 그래프가 주어질 경우 n × n 행렬 크기를 가지며, 그래프의 간선(Edge) (i,j)가 존재하면 '1'로 표현하고 그렇지 않으면 '0'으로 표현한다. 다음의 <그림 13-1>과 <그림 13-2>는 각각 무방향 그래프와 방향 그래프에 대한 인접행렬의 표현 예를 보여준다. 무방향 그래프는 대칭행렬 구조를 가지며 방향 그래프는 대칭성을 갖지 않는다.

❷ 인접리스트 표현

인접리스트는 연결리스트 구조를 사용한다. 인접리스트로 표현하기 위해 먼저 아래와 같이 노드의 구조와 헤더 노드의 포인터 배열을 정의한다.

```
typedef struct G_node
{
  int vertex;                  // 정점의 번호
  struct G_node *link;         // 링크 포인터
} G_node;
G_node *List[No_of_Vertex]; // 헤더 노드의 포인터 배열
```

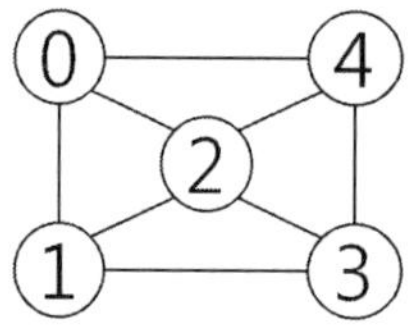

	0	1	2	3	4
0	0	1	1	0	1
1	1	0	1	1	0
2	1	1	0	1	1
3	0	1	1	0	1
4	1	0	1	1	0

▌그림 13-1▐ 무방향 그래프의 예

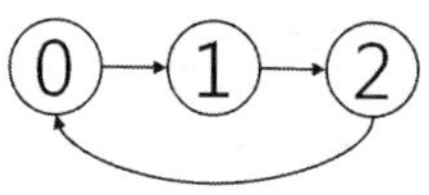

	0	1	2
0	0	1	0
1	0	0	1
2	1	0	0

▌그림 13-1▐ 방향 그래프의 예

<그림 13-3>은 <그림 13-1>의 무방향 그래프의 인접리스트의 표현 예를 보여주고, <그림 13-4>는 <그림 13-2>의 방향 그래프에 대한 인접리스트의 표현 예를 보여준다.

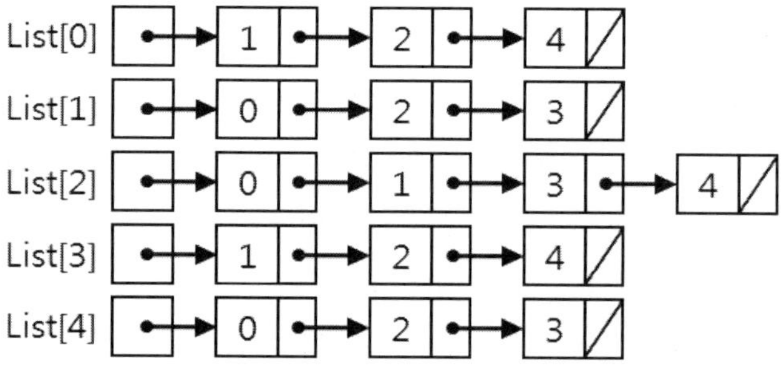

▌그림 13-3▐ 〈그림 13-1〉의 인접리스트의 표현 예

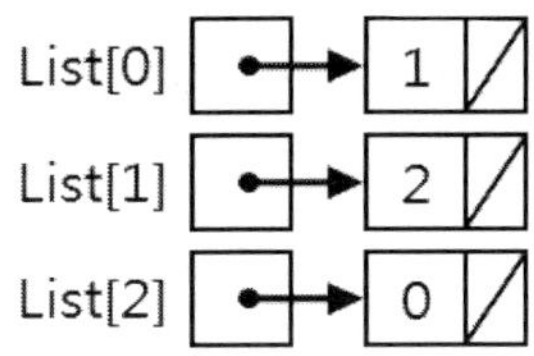

▌그림 13-4▐ 〈그림 13-2〉의 인접리스트의 표현 예

❸ 그래프 탐색

그래프의 탐색은 깊이우선탐색(DFS : Depth First Search) 방법과 너비우선탐색(BFS : Bread First Search) 방법이 있다. DFS 방법은 스택을 기반으로 하는 순환함수로 구현할 수 있으며, BFS는 큐를 기반으로 하는 반복 함수로 구현할 수 있다. 본 실습 과제에서는 인접리스트로 표현된 그래프에 대한 DFS 탐색 방법을 연습한다.

```
Algorithm Graph_dfs(v)
Input : 시작정점 v
Output : 모든 방문정점
visited[v] <- 1
for All u ∈ (v에 인접한 정점) do
   if (visited[v] = 0) then
      Graph_dfs(u)
```

실습 문제 및 내용

◖ 실습 문제 ◗

<그림 13-5>와 같이 일곱 개의 정점을 갖는 무방향 그래프가 주어질 경우 이 그래프를 인접행렬과 인접리스트로 표현하는 방법을 연습한다. 또한 이러한 자료 구조를 이용하여 그래프의 기초 연산 문제를 해결한다.

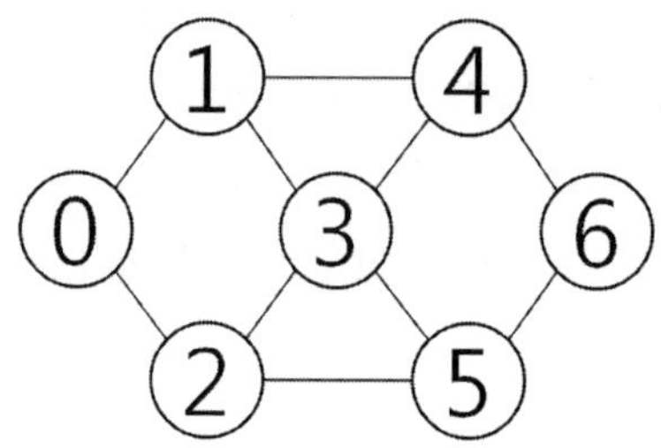

▌그림 13-5▐ 일곱 개 정점을 갖는 무방향 그래프의 예

◖ 실습 내용 ◗

<그림 13-5>의 그래프의 인접행렬과 응용을 위해 다음과 같은 절차에 따라 실습한다.

❶ 그래프의 간선이 (0,1), (0,2), (1,3), (1,4), (2,3), (2,5), (3,4), (3,5), (4,6), (5,6)으로 순서적으로 입력(표준입력 장치)된다고 가정하고 이를 인접행렬로 표현하는 C함수를 작성하시오. 주어진 그래프의 정점의 개수는 일곱 개이기 때문에 다음과 같이 2차원 정수 배열을 자료 구조로 사용한다.

❒ 자료 구조

```
int adj_mat[7][7];
```

❒ 함수구조

```
void Create_Mat(int adj_mat[][], int n)
{
    ........................
}
```

❷ ❶에서 생성된 인접행렬을 전달받아 인접행렬의 내용을 출력하는 C함수를 작성한다.

❒ 함수구조

```
void Print_Mat(int adj_mat[][], int n)
{
    ........................
}
```

❸ ❶에서 생성된 인접행렬을 전달받아 각 정점의 차수를 계산하여 출력하는 C함수를 작성한다. 함수 구현 시 무방향 그래프와 방향 그래프의 차수가 계산될 수 있도록 조건을 부여한다.

❒ 함수구조

```
void Print_degree(int adj_mat[][], int n)
{
    ........................
}
```

❹ 위에서 완성한 세 개의 함수를 시험하기 위한 메인 프로그램을 작성하여 전체 내용을 실습한다.

실습 응용

◖ 응용 문제 ◗

전 단계에서 연습한 인접행렬을 인접리스트로 변환하는 프로그램을 작성하고 그 결과를 확인한다.

◖ 실습 내용 ◗

이 문제를 해결하기 위해서 다음과 같은 절차에 따라 실습을 진행한다.

❶ 전 단계에서 실습한 void Create_Mat(int adj_mat[][], int n) 함수를 사용하여 인접행렬을 생성한다.

❷ ❶에서 생성된 인접행렬 int adj_mat[][]을 사용하여 인접리스트로 변환하는 프로그램을 작성한다. adj_mat[u][v]의 값이 '1'일 경우 인접리스트를 생성하기 위해 다음과 같은 함수를 사용할 수 있다.

```
void insert_edge(G_node *list, int u, int v)
{
  G_node *node;
  node = (G_node *)malloc(sizeof(G_node));
  node->vertex = v;
  node->link = list[u];
  list[u] = node;
}
```

❸ ❷에서 만들어진 인접리스트를 사용하여 깊이우선탐색을 수행할 수 있도록 다음의 프로그램을 수정한다. 그래프가 연결리스트 표현으로 주어질 경우 깊이우선탐색은 다음과 같은 함수를 사용할 수 있다.

```
int visited[M_nodes];

void Graph_dfs(G_node *list, int v)
{
  G_node *w;
  visited[v] = 1;
  printf("%d ", v);
  for (w = list[v]; w; w = w->link)
    if (!visited[w->vertex]) Graph_dfs(list, w->vertex)
}
```

실습 보고서 작성

다음 양식에 따라 전 단계에서 연습한 **실습 응용** 문제에 대한 실습 결과 보고서를 작성한다.

<table>
<tr><th colspan="4">[제 13주차] 실습 결과 보고서</th></tr>
<tr><td>학번</td><td></td><td>이름</td><td></td></tr>
<tr><td>인접리스트 기술</td><td colspan="3">인접행렬을 인접리스트로 변환한 결과를 그림으로 표현한다.</td></tr>
<tr><td>인접리스트 변환 프로그램 구현</td><td colspan="3">인접행렬을 인접리스트로 변환하기 위한 프로그램을 기술한다. 필요한 부분에는 보충 설명을 기술한다.</td></tr>
<tr><td>깊이우선탐색 결과</td><td colspan="3">인접리스트를 사용한 프로그램을 실행하여 깊이우선탐색 결과를 기술한다. 또한 왜 그러한 결과가 출력되었는가에 대한 이유를 설명한다.</td></tr>
<tr><td>실습 결과 논의</td><td colspan="3">실습 결과를 중심으로 느낀점을 기술한다.</td></tr>
</table>

제 14주차

그래프 응용 실습

실습 목표

- 실생활에서 그래프를 이용하여 해결 가능한 문제들을 조사해 본다.
- 주어진 문제를 그래프로 모델링하는 방법을 학습한다.
- 그래프로 모델링한 문제의 해결을 위한 자료 구조와 알고리즘을 설계하고 구현을 통하여 실무 능력을 배양한다.

기초 지식

그래프의 응용으로 최단경로를 구하는 문제를 고려한다. 최단경로 문제는 한 출발지에서 다른 모든 목적지에 대한 최단비용과 그때의 최단경로를 찾는다. 이 문제는 네비게이션 시스템에서 최단경로 안내, 서울 지하철의 최단경로 안내 등 일상생활의 여러 부분에 활용될 수 있다. 제 14주차에서 최단경로를 찾기 위해 가장 널리 알려진 Dijkstra 알고리즘을 사용하며 이 알고리즘에 대한 기초적인 내용을 소개하고 이 문제를 학습할 실습문제를 제시한다.

❶ 자료 구조의 표현

<그림 14-1>은 일곱 개의 정점을 갖는 가중치 그래프의 예를 보여준다. 여기서 각 정점은 지도에서 한 지역을 의미하고, 간선의 가중치 값은 거리로 생각할 수 있다.

출발지는 임의로 선택할 수 있지만 본 실습에서는 정점 '0'을 출발지로 가정한다. 이 문제를 해결하기 위한 자료 구조로 인접행렬을 사용한다. <표 14-1>은 <그림 14-1>의 인접행렬 표현의 예를 보여준다. 표의 인접행렬에서 ∞로 표시된 부분은 정점 간의 직접 경로가 없음을 의미한다.

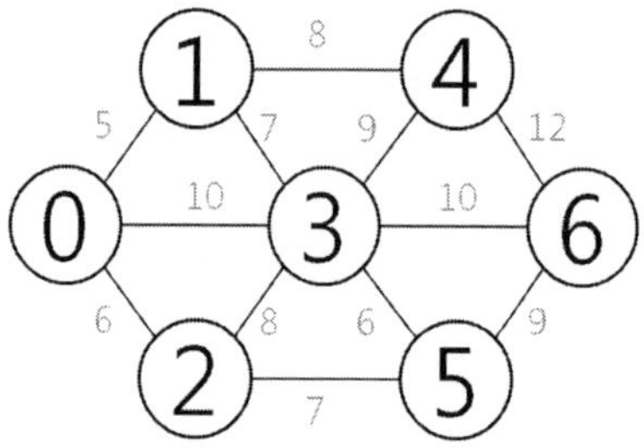

▌그림 14-1▐ 일곱 개의 정점을 갖는 그래프 예

표 14-1 〈그림 14-1〉의 인접 행렬

	0	1	2	3	4	5	6
0	0	5	6	10	∞	∞	∞
1	5	0	∞	7	8	∞	∞
2	6	∞	0	8	∞	7	∞
3	10	7	8	0	9	6	10
4	∞	8	∞	9	0	∞	12
5	∞	∞	7	6	∞	0	9
6	∞	∞	∞	10	12	7	0

❷ 용어 정의

- distance[u]를 시작 정점 v에서 목적지 u까지의 최단비용으로 정의한다.
- weight[i][j]를 그래프에서 간선 (i,j)의 비용으로 정의한다. <표 14-1>에서 간선 (i,j)의 가중치 값이 weight[i][j]로 표현된다.
- S는 시작 정점 v에서 해당 목적지까지 이미 최단경로가 발견된 정점들의 집합으로 정의한다.

❸ Dijkstra 알고리즘의 기본 개념

<그림 14-2>는 정점 v가 출발지이고 정점 u가 목적지이며, 정점 k가 정점 u와 인접

되어 있는 정점을 의미한다. 정점 v에서 정점 u까지 현재까지 알려진 최단비용이 distance[u]이다. 그러면 정점 u에 인접한 정점 k를 거친다면 정점 v에서 정점 u까지의 최단비용은 어떻게 변화할 것인가? 이를 반영하기 위한 Dijkstra 알고리즘의 기본 아이디어는 <표 14-2>와 같은 식을 사용한다.

표 14-2 Dijkstra 알고리즘의 기본 아이디어

```
distance[u] = min(distance[u], distance[k] + weight[k][u])
```

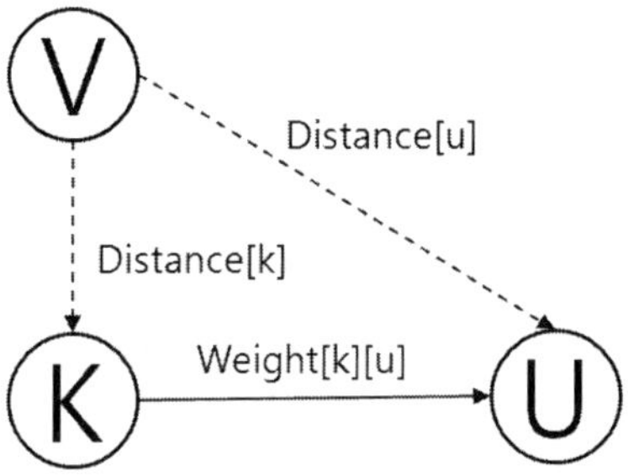

▌그림 14-2▐ 출발지 v에서 목적지 u까지 경로

<그림 14-2>의 개념을 기본으로 한 Dijkstra 알고리즘에 대한 가상 코드는 다음과 같이 기술된다.

```
Algorithm Dijkstra_shortest_path(G, v)
Input : 가중치 그래프 G, 시작정점 v
Output : 시작정점 v에서 모든 정점 u까지 최단비용(distance[u])
  1. 집합 S에 시작정점 v를 추가한다.
  2. 시작정점 v에서 모든 정점 u에 대한 초기비용을 설정한다.
     distance[w] ← weight[v][w]
  3. 집합 S에 모든 정점이 포함될 때까지 다음을 반복 수행한다.
     3.1 집합 S에 포함되지 않은 정점 중에서 최소비용을 갖는 정점 u를
         선택 한다.
     3.2 선택된 정점 u를 집합 S에 추가한다.
     3.3 정점 u에 인접하고 집합 S에 포함되지 않은 각 정점 k에 대해 다음
         을 반복 수행한다.
           if (distance[u] + weight[u][k] < distance[k]) then
             distance[k] ← distance[u] + weight[u][k]
```

실습 문제 및 내용

◖ 실습 문제 ◗

<그림 14-1>과 같은 그래프가 주어질 경우 정점 '0'(출발지)에서 모든 정점(목적지)들에 대한 최단비용을 계산하고 그때의 경로를 찾는다.

◖ 실습 내용 ◗

주어진 그래프를 예로 사용하여 최단비용을 계산하고 최단경로를 찾기 위해 다음과 같은 절차에 따라 실습한다.

❶ 시작 정점이 '0'이라 가정하고 다음 표에 대한 빈 칸을 채우시오. Dijkstra 알고리즘에 따라 출발 정점에서 모든 목적 정점까지 최단비용을 계산하기 위해 각 단계마다 distance[] 배열과 집합 S의 변화 과정을 연습한다.

distance[]	0	1	2	3	4	5	6	집합 S
1	0	5	6	10	∞	∞	∞	{0}
2								
3								
4								
5								
6								
7								

❷ ❶에서 기술한 Dijkstra 알고리즘의 가상 코드를 C함수로 구현한다. 함수 구현 시에 다음과 같은 주요 배열이 전역변수로 정의되어 있다고 가정한다.

```
#define No_Nodes; // 그래프의 정점의 수
int weight[No_Nodes][No_Nodes]; // 그래프의 인접행렬
int distance[No_Nodes]; // 모든 정점들에 대한 최단비용
int found[No_Nodes]; // 집합 S에 포함된 정점들의 표현

함수구조 : void shortest_path(int start_v, int n)
```

```
{
  // 가상 코드로 기술한 알고리즘을 구현한다.
  ................................
}
```

❸ ❷에서 작성한 shortest_path() 함수를 시험하기 위한 메인 프로그램을 작성한다. <그림 14-1>의 그래프 예를 인접행렬 weight[][]에 입력하여 프로그램을 실행하여 distance[] 배열의 결과를 확인한다.

❹ 시작 정점을 '0'이 아닌 다른 정점으로 주어 최단비용인 distance[] 배열의 값을 확인한다. 두 개 이상의 정점에 대해서 반복하여 실습한다.

❺ 지금까지 실습한 Dijkstra 알고리즘은 최소비용 만을 계산하고 그때의 경로는 찾지 못한다. 다음 절차에 따라 최소비용 뿐만 아니라 최소비용에 대한 경로 찾는 방법을 실습한다.

A. ❶에서 연습한 것과 같이 다음 표의 각 단계에서 위쪽 줄의 값은 최소비용인 distance[] 배열을 의미하고, 아래쪽 줄의 값은 각 단계를 거치면서 최소비용을 갱신해주는 정점(k)을 보관하는 path[] = distance[k] + weight[k][] 배열을 의미한다. 시작 정점이 '0'이라 가정하고 다음의 표를 완성한다.

인덱스/단계	0	1	2	3	4	5	6	집합 S
1	0	5	6	10	∞	∞	∞	{0,1}
			∞	12	13	∞	∞	
2	0	5	6	10	13	∞	∞	
3								
4								
5								
6								
7								

B. ❸에서 작성한 shortest_path() 함수를 최소비용에 대한 경로를 찾을 수 있도록 수정한다. 단계 A에서 연습한 것과 같이 path[] 배열을 사용하여 프로그램을 적절하게 수정한다.

C. 수정된 shortest_path() 함수를 실행하여 최단비용과 그때의 경로를 확인한다.

실습 보고서 작성

다음 양식에 따라 실습 결과 보고서를 작성한다.

[제 14주차] 실습 결과 보고서			
학번		이름	
최단 비용 계산	실습 문제에서 주어진 그래프를 참고하여 실습내용 ❶의 표를 완성한다.		
shortest_path 함수 구현 및 실험 결과	가상 코드를 shortest_path() 함수로 구현하고 이를 실험한다. 시작 정점을 2회 이상 변경하여 실행결과를 확인한다.		
최단 경로를 찾기	실습 내용 ❺의 표를 완성하고 최단 경로를 찾기 위해 shortest_path() 함수를 수정한다. 수정된 함수를 실행하여 최단경로를 확인한다.		
실습 결과 논의	실습 결과를 중심으로 느낀점을 기술한다.		

제 15주차

해싱 기초 연습

실습 목표

- 해시에 관한 기본적인 개념을 이해한다.
- 해시를 생성하는 방법과 충돌 문제를 해결하기 위한 방법을 연습한다.
- 해시 개념을 사용하여 응용 문제를 해결하는 능력을 배양한다.

기초 지식

해시 함수를 만드는 방법은 제산 함수, 폴딩 함수, 중간 제곱 함수, 숫자분석 방법 등이 있다. 제 15주차 실습에서는 이 중에서 제산함수를 이용한 기초적인 해시 방법을 연습한다. 또한 충돌 문제를 해결하기 위해서 1차 선형 조사법 방법을 사용한다.

① 해시 테이블과 제산 함수

해시 테이블의 크기를 M이라 가정하고 키 값을 key라 정의하면 해시를 위한 제산 함수는 <표 15-1>과 같이 표현된다.

표 15-1 제산 함수

```
h(key) = key % M
```

❷ 충돌 문제의 해결

해시 함수의 충돌 문제를 해결하기 위해 선형 조사법과 체이닝 방법 등이 있다. 제 15주차 실습에서는 충돌 해결을 위해 선형 조사법을 사용한다. 선형 조사법은 서로 다른 키가 충돌이 일어날 경우 해당키를 충돌 위치 이후의 빈 공간을 조사하여 저장한다. 1차 선형 조사법의 h(key)에서 충돌이 일어날 경우 다음 <표 15-2>와 같이 이후의 위치를 순서적으로 조사한다.

표 15-2 h(key) 충돌 이후 1차 선형 조사법의 빈 공간 조사

```
(h(key)+1)%M, (h(key)+2)%M, (h(key)+3)%M, (h(key)+4)%M, ...
```

1차 선형 조사법의 충돌이 잦을 경우 한 곳으로 몰리는 경향이 있기 때문에 이를 분산하기 위해 2차 선형 조사법을 사용한다. 2차 선형 조사법은 h(key)에서 충돌이 일어날 경우 위치는 <표 15-3>과 같이 결정된다.

표 15-3 h(key) 충돌 이후 2차 선형 조사법의 빈 공간 조사

```
(h(key) + i * i) mod M
(h(key)+1)%M, (h(key)+4)%M, (h(key)+9)%M, (h(key)+16)%M, ...
```

❸ 예제

해시 테이블의 크기 M이 7이라 가정하고 해시 함수로 <표 15-4>와 같은 제산 함수를 사용한다. 또한 충돌을 해결하기 위해 1차 선형 조사법을 사용한다.

표 15-4 테이블 크기가 7인 제산 함수

```
h(key) = key % 7
```

키 값이 9, 2, 10, 7, 14가 순서적으로 입력된다고 가정하면 제산 함수를 적용한 해시 값은 <표 15-5>와 같이 계산된다.

표 15-5 제산 함수를 이용한 키 값 계산

키 값	제산 함수(해시 값)	충돌 여부
9	9 % 7 = 2	
2	2 % 7 = 2	충돌
10	10 % 7 = 3	
7	7 % 7 = 0	
14	14 % 7 = 0	충돌

<표 15-5>에서 계산된 해시 값에 따라 1차 선형 조사법을 사용한 해시 테이블을 구성하면 <표 15-6>과 같다. 크기 7을 갖는 해시 테이블은 ht[] 배열로 정의한다.

표 15-6 1차 선형 조사법을 이용한 해시 테이블

ht[0]	ht[1]	ht[2]	ht[3]	ht[4]	ht[5]	ht[6]
7	14	9	2	10		

실습 문제 및 내용

◖ 실습 문제 ◗

다음 조건을 만족하는 해시 함수를 시뮬레이션 한다.

- 해시 테이블은 정수형 크기 M을 갖는 ht[] 배열로 정의한다.
- 해시 방법은 제산 함수를 사용하고 충돌은 선형 조사법을 사용한다.
- 임의의 값을 랜덤하게 생성하여 해시 테이블을 생성한다.

◖ 실습 내용 ◗

앞의 실습 문제에서 주어진 조건을 반영하여 다음과 같은 절차에 따라 실습을 진행한다.

❶ 하나의 키 값이 주어지면 위의 조건에 따라 해시 테이블에 키 값을 추가하는 다음과 같은 함수를 구현한다. 충돌을 해결하기 위해 1차 선형 조사법을 사용한다.

❒ 함수구조

```
void insert_key(int key, int ht[])
{
  // key : 해시 테이블에 삽입할 키 값
  // ht[] : 크기 M을 갖는 해시 테이블
  // 제산함수, 1차 선형 조사법 사용
  ..................
}
```

❷ ❶에서 만든 키 값을 해시 테이블에 삽입하는 함수를 시험하는 메인 프로그램을 작성한다.

❸ 해시 테이블 크기 M을 13으로 하고 rand() 함수를 사용하여 1에서 100사이의 정수 값 13개를 순서적으로 생성하여 insert_key() 함수를 호출한다. 13개의 키 값에 대한 함수 호출을 종료한 후에 해시 테이블에 채워진 결과를 출력하여 다음의 표를 완성한다.

ht[0]	ht[1]	ht[2]	ht[3]	ht[4]	ht[5]	ht[6]	ht[7]	ht[8]	ht[9]	ht[10]	ht[11]	ht[12]

❹ 해시 테이블의 크기를 13에서부터 999까지(적당한 간격) 변화하여 전 단계에서와 같이 난수를 생성하고 시뮬레이션하여 다음 사항을 관찰해 본다.

- 해시 테이블 크기만큼의 난수를 생성하여 키 값을 삽입 시에 충돌이 일어나는 횟수를 카운트하여 분석한다. 시뮬레이션 결과를 엑셀을 사용하여 그래프로 그려 추이를 살펴본다.
- 이러한 결과를 바탕으로 제산 함수를 사용한 해시의 좋은 점과 나쁜 점을 논의한다.

❺ ❶에서 작성한 insert_key() 함수를 2차 선형 조사법으로 수정하여 단계 ❸과 같이 실행하여 결과를 참조하여 다음의 표를 완성한다.

ht[0]	ht[1]	ht[2]	ht[3]	ht[4]	ht[5]	ht[6]	ht[7]	ht[8]	ht[9]	ht[10]	ht[11]	ht[12]

실습 보고서 작성

다음 양식에 따라 실습 결과 보고서를 작성한다.

[제 15주차] 실습 결과 보고서			
학번		이름	
❶함수를 작성	실습 문제의 조건을 참조하여 ❶의 함수를 완성한다.		
❸과 ❺의 표를 완성	실습 결과를 참조하여 ❸과 ❺의 표를 완성한다.		
❹의 실습결과 기술	❹에서 실습한 결과를 기술한다. 이해를 쉽게 하기 위해 결과를 엑셀에서 그래프로 작성하여 기술한다.		
실습 결과 논의	실습 결과를 중심으로 느낀점을 기술한다.		

제 16주차

해싱 응용 연습

실습 목표

- 실생활에서 일어나는 문제를 해시 알고리즘을 이용하여 해결한다.
- 실습을 통하여 해시 알고리즘의 성능을 분석한다.
- 실무 현장에서 해시 알고리즘을 이용한 문제 해결 능력을 배양한다.

기초 지식

해시의 응용으로 텍스트 파일에 저장된 개인 신상 정보를 입력하여 해시 테이블로 구성하고, 키 값이 주어질 경우 빠르게 검색할 수 있는 프로그램을 구현한다. 개인 신상 정보는 다음과 같이 세 개의 정보를 포함한다고 가정한다.

개인정보 레코드 : 학번, 이름, 전화번호

이 문제를 구현하기 위한 해시 함수는 숫자분석 방법과 제산 함수 방법을 병행하여 사용하며 이와 관련한 기초 지식은 다음과 같다.

❶ 해시 함수

해시 함수를 위한 키 값은 학번을 사용한다. 학번은 전체 8자리 숫자로 구성되며 일반적으로 앞쪽 4자리는 입학년도 뒤쪽 4자리는 일련번호로 정의된다. 숫자분석 방법은 키 값에서 중복이 많은 부분(한쪽으로 편중되어 있는 수)을 제외하고 나머지 수를 활용한다. 예를 들어 다음과 같은 학번이 있을 경우 앞쪽 4자리 수가 편중되어 있기 때문에 이 수를 무시하고 뒤쪽 4자리 수에 해시 테이블 크기를 반영한 제산 함수를 적용한다.

```
20180010, 20180091, 20180023, 20180034, 20190012, ........
```

해시 테이블의 크기가 13이라 가정하면 해시 함수는 다음과 같이 정의할 수 있다.

```
h(학번) = (학번의 뒤쪽 4자리) % 13
```

위의 해시 함수를 적용한 예는 다음과 같다.

```
h(20180010) = 0010 % 13 = 10
h(20180091) = 0091 % 13 = 0
h(20180023) = 0023 % 13 = 10
h(20180034) = 0034 % 13 = 8
h(20180012) = 0012 % 13 = 12
```

❷ 충돌 문제의 해결

충돌 문제를 해결하기 위해서 제 15주차에서 연습한 1차 선형 조사법을 사용한다. 1차 선형 조사법은 충돌이 발생할 경우 다음 위치부터 시작하여 순서적으로 빈 공간을 찾는 방법을 의미한다. 충돌을 해결하기 위해 빈 공간을 조사해야할 식은 다음과 같이 기술된다. 여기서 key는 학번을 의미하고 h()는 해시 함수이고, M은 해시 테이블의 크기를 의미한다.

```
(h(key)+i) % M,   0≤i≤M-1
```

실습 문제 및 내용

◀ 실습 문제 ▶

해시 함수를 사용하여 다음을 만족하는 개인 신상 관리 프로그램을 구현한다.

- 텍스트 파일에 다음과 같은 형식으로 개인 신상 정보가 13개가 저장되어 있다고 가정한다.

```
20180010 홍길동 010-1234-4321
20180091 강감찬 010-3434-3434
    .........                        13개
20180121 이순신 010-9876-5432
```

- 해시 테이블의 크기를 13이라 가정하고 텍스트 파일을 읽어 해시 테이블을 생성한다.
- 임의의 키 값을 입력하여 해시 테이블을 검색한다.

◀ 실습 내용 ▶

앞의 실습 문제에서 주어진 조건을 반영하여 다음과 같은 절차에 따라 실습을 진행한다.

❶ 텍스트 파일에 저장된 개인 신상 정보를 입력하여 해시 테이블을 생성하는 함수를 완성한다. 학번을 키 값으로 하며 충돌이 발생할 경우 1차 선형 조사법을 사용하여 충돌을 해결한다. 개인 신상 정보 및 해시 테이블 구조는 다음을 참조하여 구현한다.

❒ 개인 신상 정보 구조

```
typedef struct
{
  char no[9];
  char name[10];
  char tel[14];
} person;
```

❒ 해시 테이블 구조

```
person h_table[h_size]; // h_size는 해시 테이블 크기
```

❒ 함수 구조

```
void create_htable(File *fp, person h_table[])
{
// fp : 텍스트 파일 포인터
// h_table[] : 해시 테이블
.................................
}
```

❷ 앞에서 작성한 create_htable() 함수를 시험하기 위한 메인 프로그램을 작성한다.

❸ ❷에서 생성된 해시 테이블을 출력하도록 메인 프로그램을 수정하여 다음 표를 완성한다.

h_table[]	"[0]	"[1]	"[2]	"[3]	"[4]	"[5]	"[6]
학번							
이름							
전화번호							

h_table[]	"[7]	"[8]	"[9]	"[10]	"[11]	"[12]
학번						
이름						
전화번호						

❹ 학번을 키 값으로 입력하면 그 학번에 해당하는 신상 정보를 찾아 해시 테이블에서 해당 인덱스를 반환하는 함수를 추가로 작성한다. 함수의 예는 다음과 같다.

```
함수 구조
int retrieval_htable(person h_table[], int key)
    {
        // fp : 텍스트 파일 포인터
        // h_table[] : 해시 테이블
        // key : 찾고자 하는 학번
        ......................
}
```

❺ retrieval_htable() 함수를 시험할 수 있도록 메인 프로그램을 작성하여 최소 5회 이상 학번을 키 값으로 입력하여 그 결과를 출력한다.

실습 보고서 작성

다음 양식에 따라 실습 결과 보고서를 작성한다.

[제 16주차] 실습 결과 보고서			
학번		이름	
❶과 ❹의 함수를 작성	실습 문제의 조건을 참조하여 ❶과 ❹의 함수를 완성한다.		
❸의 표를 완성	실습 결과를 참조하여 ❸의 표를 완성한다.		
❺의 실습 결과 기술	❺에서 실습한 결과를 기술한다.		
실습 결과 논의	실습 결과를 중심으로 느낀점을 기술한다.		

찾아보기

ㄱ

가상 코드 1
가중치 그래프 123
가지 85
간선 86
간선(Edge) 115
공집합 87
구조체 9
구조체 변수 11
구조체 선언 10
그래프 115
그래프 탐색 117
깊이우선탐색 DFS 117

ㄴ

난수 4
내부 노드 86
내부정렬 105
너비우선탐색 BFS 117
네비게이션 시스템 123
노드 28, 86
노드의 삭제 33
노드의 삽입 33
높이 88

ㄷ

단말 노드 86
대괄호([]) 9
대칭행렬 115
도서관리 프로그램 12
동적 메모리 18
디렉터리 85

ㄹ

레벨 88
루트 노드 86
링크 포인터 28

ㅁ

매개변수 1
무방향 그래프 115

ㅂ

반복 2
방향 그래프 115
배열 9
배열 기반 큐 69
배열 기반의 스택 50
배열의 선언 9
배정문 2
버블정렬 106
부모 노드 86
비교 2
비단말 노드 86
비선형리스트 27

ㅅ

산술 연산자 2
삽입정렬 106

서브 트리 87
선택정렬 105
선형 27
선형 조사법 132
수식 2
순회 알고리즘 88
숫자분석 131
쉘정렬 105
스택 49

ㅇ

알고리즘 1
양방향 연결리스트 40
연결리스트 27
연결리스트 기반의 스택 51
연결리스트 기반의 큐 71
연결리스트의 초기화 33
연산자 62
오른쪽 괄호 62
오른쪽 서브 트리 97
완전 이진 트리 88
왼쪽 괄호 62
왼쪽 서브 트리 97
원형 연결리스트 39
원형 큐 73
이중 연결리스트 40
이진 탐색 트리 97
이진 트리 87
인덱스 10
인수 1
인접리스트(Adjacency List) 115
인접행렬(Adjacency Matrix) 115
잎사귀 노드 86

ㅈ

자료 구조 3
자료의 형식 10
자식 노드 86
자연언어 1
전위 89
전위식 62
정적인 공간 10
제산 함수 131
조건 2
조직도 85
중간 제곱 함수 131
중위 89
중위식 62

ㅊ

최단경로 123

ㅋ

퀵정렬 105, 108
큐 69
키(key) 98

ㅌ

트리 85

ㅍ

포화 이진트리 88
폴딩 함수 131
플로차트 1
피연산자 62

ㅎ

함수	1
함수 호출	1, 2
해시 테이블	131
해시 함수	131
헤더 파일	4
회문	80
후위	89
후위식	62
후입 선출 LIFO	49
힙정렬	105

정가 10,000원

자료구조 응용 및 실습

2018년 1월 20일 초판 인쇄
2018년 1월 30일 초판 발행
저　자 : 김영학 · 손기봉 · 조재한
발행자 : 송　준
발행처 : 홍릉과학출판사
주　소 : 서울시 강북구 인수봉로 50길 10
01093
등　록 : 1976년 10월 21일 제5-66호
전　화 : (02) 999-2274~5, 903-7037
팩　스 : (02) 905-6729
e-mail: hongpub@hongpub.co.kr
http://www.hongpub.co.kr
ISBN: 979-11-5600-561-2

저자와의 협의하에 인지생략